Motivez
par l'enthousiasme

Éditions d'Organisation

1, rue Thénard

75240 Paris Cedex 05

www.editions-organisation.com

© Éditions d'Organisation, 2002, 2005

ISBN : 2-7081-3237-7

Christophe Benoît

Motivez par l'enthousiasme

Deuxième édition

Éditions d'Organisation

« *Il y a ceux qui voient les choses telles qu'elles sont et qui se demandent pourquoi ? et il y a ceux qui imaginent les choses telles qu'elles pourraient être et qui se disent pourquoi pas ?* »

George Bernard Shaw

Remerciements

Merci à Danielle et Mathilde qui, quotidiennement, m'inspirent.

Merci aussi à vous, managers que j'ai eu l'opportunité de rencontrer et qui associent performances et émotions.

Sommaire

Introduction

Partie 1

Au-delà de la simple motivation, l'enthousiasme est possible

Partie 2

Entraîner par l'enthousiasme

Partie 3

Enclencher le cycle de l'enthousiasme

Introduction

Dans un monde bouillonnant, turbulent, complexe et en évolution permanente, les entreprises naissent, évoluent, fusionnent, et parfois périssent à des vitesses de plus en plus rapides.

S'adapter au changement est devenu le maître-mot des organisations qui progressent, réussissent dans leurs domaines respectifs en agissant, en innovant et en créant de nouvelles valeurs sur le marché.

Tous les jours, des managers sont ainsi confrontés à de nouvelles situations sans pour autant s'y être vraiment préparés : accompagner des changements d'organisation plus ou moins brusques, développer de nouveaux réflexes chez des collaborateurs ancrés dans de « vieilles et mauvaises habitudes », participer à des projets dont les résultats à l'arrivée sont parfois frustrants, communiquer sur des sujets sensibles socialement, etc.

La vie du manager s'apparente donc de moins en moins à un long fleuve tranquille.

Certains managers parviennent admirablement à manager au quotidien leurs équipes, à gérer des situations nouvelles (et imprévisibles), à transmettre leur motivation.

Ces managers habiles ont acquis de nouvelles compétences, de nouveaux réflexes. Ils évoluent en faisant évoluer en permanence leur pratique de management car pour eux, rien n'est jamais acquis, tout est en mouvement.

Ces évolutions en termes de pratiques manageriales font largement appel à une forme d'intelligence que nous possédons tous mais que très souvent nous avons sous-développée, sous-cultivée : celle de nos émotions dans l'action.

Apprendre à parler au cœur des hommes et des femmes qui composent l'entreprise représente un enjeu fondamental pour toute organisation en ce début de XXIe siècle.

Être capable pour un manager de faire évoluer ses pratiques, de changer ses repères au gré des mouvements de son environnement, de percevoir, de ressentir différemment les événements représentent des axes majeurs pour agir, communiquer autrement, oser et réussir avec son équipe.

Si cet apprentissage du « parler au cœur » est discret dans les faits, voire quasi inexistant dans certaines entreprises, il y a de fortes probabilités pour que tout collaborateur (manager ou managé) devienne victime, un jour ou l'autre, d'une situation d'entreprise en mouvement, malgré la présence de signaux conjoncturels et environnementaux.

Que trouvons-nous dans tout succès, dans toute entreprise qui avance, dans tout projet qui réussit ?

Nous trouvons un même et mystérieux starter capable de créer une énergie favorable à la réussite, le carburant de la motivation : L'ENTHOUSIASME.

Nous pouvons donc difficilement dissocier l'enthousiasme de la motivation.

L'apport des théories de la motivation

Le siècle qui vient de s'achever a été riche en théories et expériences autour du thème de la motivation dans l'entreprise. Parcourons rapidement cette courte histoire de l'étude de la motivation pour en revoir les temps forts.

L'approche scientifique du travail

À la fin du XIXe et au début du XXe siècle, de nombreux théoriciens (dont certains étaient français d'ailleurs, tel Charles Bedeaux) avaient établi que la façon la plus logique d'augmenter la productivité consistait à améliorer les techniques et méthodes de travail.

Le plus connu de ces théoriciens reste Frédéric Winslow Taylor. Au travers de ses nombreuses collaborations avec Henry Ford sur le travail en chaîne, F.W. Taylor donna naissance à l'*approche scientifique* du travail.

Les entreprises qui avaient pour objectif d'améliorer le rendement furent pris soudainement d'une frénésie d'analyse du temps et des gestes nécessaires à l'accomplissement d'une tâche particulière. Le travail fut donc réorganisé en fonction d'un critère « tandem » : Efficacité/Productivité. Les chefs avaient pour mission principale de veiller au respect des normes de rendement. Ils devenaient ainsi conjointement gardiens du temps et des gestes. Le taylorisme était né.

Le courant des relations humaines

En 1924, une étude fut menée par des experts en productivité dans l'usine Hawthorne de Western Electric Company en Illinois aux États-Unis. Cette étude reste l'une des plus importantes expérimentations conduites dans le domaine de la motivation. Ces experts souhaitaient déterminer différentes conditions essentielles (matérielles, horaires de travail, méthodes de travail) susceptibles d'inciter au mieux les ouvriers à produire avec une efficacité maximale.

Ils découvrirent sans le vouloir la première vérité fondamentale sur la motivation : les gens ont besoin de se sentir importants.

Cette découverte arriva pratiquement par hasard. À l'origine de cette expérimentation, les experts avaient scindé deux populations d'ouvriers : un groupe expérimental et un groupe témoin. Ils souhaitaient dans un premier temps étudier l'hypothèse qu'un meilleur éclairage de l'atelier augmenterait la productivité des ouvriers. Pour vérifier cela, les experts firent travailler le groupe expérimental dans un environnement mieux éclairé que le groupe témoin qui, lui, continuait à travailler dans son environnement habituel.

Comme prévu, la productivité du groupe expérimental progressa de façon significative. Le plus surprenant fut de constater que le groupe témoin lui aussi suivait cette progression tout en restant dans son environnement habituel.

Elton Mayo et son équipe de l'université d'Harvard furent invités à décoder cette expérience. Le constat mit en évidence que dès lors que l'on s'intéresse aux gens, les employés ont le sentiment de devenir et d'être importants dans l'organisation, indépendamment du fait qu'on leur octroie ou non des avantages matériels.

De nombreuses expériences identiques eurent lieu aux États-Unis. À chaque fois les résultats validèrent l'expérience Western Electric. La prise en compte des ressources humaines devint un aspect essentiel dans la compréhension de la motivation dans l'entreprise.

D'autres travaux dans les années qui suivirent, fournirent des démonstrations de plus en plus significatives quant à l'importance vitale de la motivation dans l'entreprise.

Ainsi, William James découvrit principalement que les employés pouvaient régulièrement donner un rendement de 80 à 90 % lorsqu'ils étaient hautement motivés. À l'inverse, une baisse de la motivation entraînait inévitablement une baisse de productivité comparable à celle provoquée par une main-d'œuvre sous-qualifiée. La motivation devenait ainsi une composante extrêmement importante à intégrer dans la gestion de l'organisation.

La théorie des X et des Y

Les études de Douglas McGregor mirent en évidence que les organisations traditionnelles (processus décisionnels centralisés) utilisant des mécaniques de contrôles externes du travail, établissaient des croyances fortes quant à la nature même de l'homme et de ses motivations au travail.

Ses études sont connues sous le terme de théorie des X et des Y.

La théorie des X suppose que les gens n'aiment pas le travail, ont besoin d'être dirigés, encadrés, sont poussés par la peur des sanctions et tirés par l'appât du gain. Entre la carotte et le bâton se situe donc leur mode de fonctionnement. Dans cette théorie des X, les gens sont plutôt immatures et doivent être nécessairement encadrés, contrôlés et supervisés.

Dans la théorie des Y, les gens ont envie de travailler, veulent se réaliser dans leur fonction, sont plutôt adultes, savent prendre des initiatives et sont plutôt responsables, voire créatifs.

Le parallèle entre la théorie des X et des Y a permis de mettre en relief que si les gens sont motivés, ils ont en eux la capacité à s'auto-diriger et à faire preuve de créativité. Selon cette théorie des Y, le rôle de tout « chef » consisterait simplement à libérer le potentiel de cette population Y.

McGregor ajoute : « Si les gens sont bien motivés, ils sont en mesure d'atteindre leurs objectifs personnels en concentrant leurs efforts sur l'atteinte des objectifs organisationnels ».

Et il concluait à l'époque en soulignant que :

- « La dépense d'effort physique et mental dans le travail est aussi naturelle que le jeu et le repos. »

- « L'homme peut se diriger et se contrôler lui-même lorsqu'il travaille pour des objectifs envers lesquels il se sent responsable. »
- « La plus importante des récompenses est la satisfaction de l'ego et du besoin de réalisation de soi ».
- « L'individu apprend à accepter et à rechercher des responsabilités. »
- « Imagination, ingéniosité et créativité sont largement distribuées dans la population. »
- « Le potentiel intellectuel de l'individu n'est que partiellement employé. »

La théorie de la hiérarchie des besoins et de la pyramide de Maslow

Abraham Maslow[1], quant à lui, présenta sa théorie sur la hiérarchie des besoins (la fameuse « pyramide de Maslow »). Cette pyramide a l'avantage de présenter de façon simple une hiérarchie de besoins en cinq niveaux dont le sens de lecture est de bas en haut (physiologique, sécurité, communication, estime de soi et enfin réalisation de soi). L'individu ne peut normalement atteindre un étage supérieur que s'il a idéalement franchi les strates inférieures (assouvi un besoin inférieur). Cette pyramide reste un outil de lecture simple, toutefois limitatif concernant les besoins et la motivation. Il n'est pas rare en effet de rencontrer dans notre société des individus qui prennent la pyramide à contresens et qui cherchent à démarrer par les étages supérieurs.

---

1. Abraham MASLOW, *Vers une psychologie de l'être*, éd. Fayard.

Les facteurs de motivation propres à satisfaire les besoins de l'individu et les 7 valeurs de Herzberg

Frédérick Herzberg[2] affina considérablement les facteurs environnementaux en vue d'exprimer la satisfaction et l'insatisfaction au travail.

Il résulte de ses travaux 7 valeurs phares :

1. Avoir un travail intéressant incluant de la variété.
2. Connaître la nature du travail effectué et la manière dont il est effectué.
3. Apprendre en travaillant et se former en permanence.
4. Disposer de zones de décision et d'initiative dans son travail.
5. Être reconnu à l'intérieur de l'entreprise.
6. Situer son travail par rapport aux objectifs généraux de l'entreprise.
7. Viser un devenir concrétisable par une promotion ou sous d'autres formes.

Des théories au management

Toutes ces théories et expériences (qui à 99 % proviennent d'outre-Atlantique) ont permis de faire avancer la compréhension de la motivation sous l'angle de celle des besoins des individus ainsi que de la façon dont *on doit* manager...

De ce formidable gisement de théories et d'expériences, de nombreux spécialistes en management ont constitué depuis

---

2. Frédérick HERZBERG, *Le travail et la nature de l'homme*, éd. EME.

50 ans des modèles d'excellence en management et par là-même, ont extrait des méthodes plus ou moins efficaces.

Ces travaux ont permis de positionner des référentiels, des grilles de lecture à l'intérieur desquelles tout manager désireux de comprendre ou d'appréhender une situation peut se situer.

Toutefois, ces théories, ces modèles ont des limites. À force de trop les intellectualiser, les instrumentaliser auprès des managers, nombreux sont les décideurs qui s'aperçoivent *que ça ne marche pas ou peu dans le temps, dans la réalité de l'entreprise.*

L'adaptation de ces modèles à la culture de notre vieux continent pose manifestement un certain nombre de problèmes. Le management des hommes contient un nombre incalculable de variables en fonction des situations rencontrées au sein des entreprises.

Je suis toujours étonné de constater à quel point certains de mes interlocuteurs cherchent à percer le secret de la motivation en ayant recours uniquement à des « représentations matricielles » ou des approches ultracartésiennes.

De la motivation à l'enthousiasme

Seulement voilà, l'enthousiasme ainsi que la motivation ne s'enferment pas simplement dans des représentations matricielles. La motivation n'est pas qu'une simple affaire logique et rationnelle : ce serait trop facile.

Je rencontre régulièrement des responsables et chefs d'entreprises qui veulent comprendre la motivation et l'enthousiasme, comprendre comment vivent ces deux éléments aimantés qui, inexorablement, s'attirent. Ainsi, quelquefois, mes interlocuteurs aimeraient pouvoir isoler ces « phénomènes », les observer à l'aide du microscope du management, les cerner, afin de mieux les comprendre avant de les « lâcher » dans l'entreprise.

Comme si l'enthousiasme et la motivation représentaient des risques…

D'où vient l'enthousiasme ? Suis-je moi aussi enthousiaste ? Comment provoquer l'enthousiasme chez les autres ?

Ces questions ramenées au management prennent un sens particulier. Dans notre société, nous apprenons peu aux managers à parler au cœur… Le système éducatif et formatif muscle trop souvent la raison, la logique au détriment de l'émotion. Ce système ne prédispose ni le manager à devenir agile dans un environnement mouvant, ni les femmes et les hommes qui composent l'entreprise à prendre plus de plaisir en travaillant.

L'enthousiasme est un phénomène positivement contagieux : il inspire et provoque chez un collaborateur, dans une équipe, dans une entreprise, des changements rapides et profonds. Le manager enthousiaste, véritable relais déclencheur transmet naturellement un courant positif à son environnement et donne envie de « faire autrement », d'« être » différent en percevant les événements d'une autre façon.

Trop souvent, l'absence d'enthousiasme et de motivation dans une organisation est perçue comme un phénomène extérieur à soi. Et le problème de motivation est vécu comme le problème de l'autre ou de l'organisation.

« Pour que les choses changent, il faut changer soi-même »[3], disait Jim Rohn, expert en motivation.

---

3. Jim ROHN, *Stratégie de prospérité*, ITEE éditions.

Nombreux sont les managers qui minorent consciemment ou inconsciemment leur rôle déclencheur en termes d'enthousiasme et de motivation auprès de leurs collaborateurs.

Quelles étranges choses que sont l'enthousiasme et la motivation. Sujets qui passionnent, que l'on a envie de découvrir et de partager. Il existe ainsi des « managers-alchimistes » qui partiront en quête, toute leur vie professionnelle durant, de cette pierre philosophale manageriale.

Certains partiront très loin afin de découvrir ce secret, d'autres partiront en retraite, épuisés, sans jamais le posséder. Pourtant, ce secret est en chacun de nous.

Enfin, ceux qui le découvriront, résoudront l'interrogation suivante :

Que faut-il pour obtenir dans une organisation, de meilleures performances avec moins d'efforts tout en prenant plus de plaisir dans l'action quotidienne ?

Ce livre repose sur des expériences vécues. Vous faire partager des constats et des convictions m'apparaît comme important.

Invitation vous est donc faite d'enrichir vos pratiques afin d'obtenir de meilleurs résultats (en évacuant instinctivement le stress) tout en prenant plus de plaisir quotidiennement, professionnellement et personnellement.

Partie 1

Au-delà de la simple motivation, l'enthousiasme est possible

Chapitre 1

L'accélération du changement

Tout va vite, très vite. Les changements économiques, environnementaux, sociaux, s'accélèrent et s'amplifient. Ce qui était vrai hier ne l'est plus spécialement aujourd'hui et le sera vraisemblablement encore moins demain. Les changements, qu'il s'agisse d'évolutions ou de ruptures, surviennent là où parfois personne ne les attend.

L'imprévisibilité rend tout possible

Vous pouvez saisir des opportunités professionnelles comme vous pouvez être licencié rapidement, et ce, d'une entreprise en faillite comme d'une entreprise qui dégage des bénéfices.

Tout est possible, tout peut arriver.

Le défi de l'écureuil

L'époque s'adresse à ceux et celles qui sont prêts à relever le « défi de l'écureuil ». Avez-vous déjà vu un écureuil dans une forêt ? L'écureuil a la particularité d'être très souple, agile et précis. Il peut sauter de branche en branche, d'arbre en arbre, sans jamais tomber. Il parcourt ainsi une très grande distance, couvre un grand territoire en rebondissant. Il recherche les meilleures noisettes en organisant ses déplacements, puis reprend toujours de l'altitude dans les cimes des arbres. Vous ne verrez jamais tomber un écureuil.

Les habiletés que possèdent les écureuils sont essentielles pour sa survie. Sans le savoir, ce petit animal est capable d'organiser sa récolte (choix des branches, choix des arbres, choix des noisettes), de planifier ses ressources (noisettes en stocks), d'atteindre ses objectifs (souplesse et don de visée : noisettes au sol ou noisettes en l'air), tout en étant toujours dans l'action (entre deux branches, l'arrêt est impossible). L'agilité dont il est doté lui autorise en outre de toujours faire face aux situations délicates voire dangereuses (casse d'une vieille branche…).

L'habileté de l'écureuil est intéressante à considérer. En effet, ces différentes capacités (organisation, planification, adaptation…) représentent l'essentiel des capacités attendues par tout manager en entreprise.

La grande différence réside, chez le manager (du moins souhaitons-le), dans sa capacité à s'enthousiasmer, se motiver lui-même, puis à motiver les gens qui l'entourent.

Bien évidemment, et à la différence de l'écureuil, c'est dans sa capacité à communiquer (que nous découvrirons dans les prochains chapitres) que le manager se dévoilera à ceux et celles qui l'entourent, au niveau de sa réelle motivation et de son degré d'enthousiasme perceptible.

Chacun agit en fonction d'un référentiel rétroviseur

Dans toute situation de changement, chacun agit en fonction de ce qu'il a connu (référentiel rétroviseur) et de ce qu'il imagine en termes de représentations positives ou négatives. En période d'accélération et de changements, il appartient à tout manager de partager croyance, conviction positive, d'induire du sens à son action ainsi qu'à celle de ses collaborateurs, de transmettre sa motivation (même si lui-même ne sait pas trop sur quelle branche il atterrira...).

Éviter l'overdose de réflexion

C'est aussi dans ces moments de changements et de nouveautés que la motivation passe par l'action. L'écureuil ne met pas une journée à choisir sa branche. Il en va de même dans l'entreprise. Trop souvent, la logique de réflexion prend le pas sur la logique d'action (combien de managements de projets grandioses ont au final abouti sur des « petites choses » insignifiantes par manque d'action et overdose de réflexion ?).

Le changement est trop important pour qu'on le laisse passer

Ce qui étouffe très souvent un courant motivationnel est l'immobilisme, la « réflexionite » : et si je rate la branche, que m'arrivera-t-il ? et si, et si... pendant ce temps la concurrence a peut-être déjà sauté, elle.

Il existe ainsi de nombreuses entreprises, où la réflexion sur le changement est si importante qu'un sentiment de peur, de crainte sur « de quoi demain sera fait... » s'installe à tous les niveaux et paralyse l'organisation.

Arrêtons-nous quelques instants sur la définition et l'étymologie de certains mots riches de sens.

✐ **Le sens des mots**

Le mot *motivation* est dérivé du latin *movere*, qui signifie « bouger », « mouvoir », « sortir de », « mettre au dehors ». Motivation : action de motiver. *Psychol.* : intérêt spontané pour une tâche particulière.

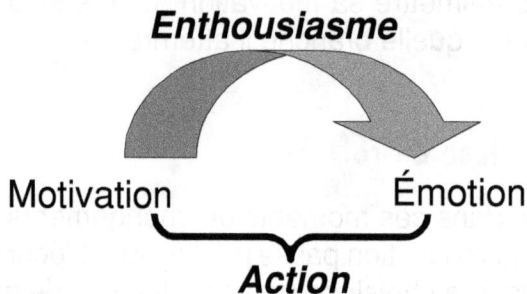

Enthousiasme

Motivation   Émotion

Action

✐ **Le sens des mots**

Le mot *enthousiasme* provient du grec *enthousiasmos* qui signifie littéralement « transport divin »... qui pousse à agir. Enthousiasme : Accueillir avec enthousiasme : Émotion intense se traduisant par de grandes démonstrations de joie.

Une personne enthousiaste est naturellement prédisposée à motiver les autres

Une personne enthousiaste possède donc en elle une capacité « à transporter », à changer d'état, à donner envie de...

Qui n'a pas un jour rencontré un ou une amie particulièrement enthousiaste après avoir vu un film au cinéma ? Cette personne sans le vouloir vous a fait partager ce qu'elle ressentait, au travers de ses émotions et vous aura rapidement donné envie d'aller voir vous aussi le film en question.

Vu-Entendu

Récemment dans une entreprise, j'entendais trois personnes dire : « Ce serait tellement bien si on pouvait travailler dans le service de Monsieur L ». À ma question : « Et pourquoi précisément le service de Monsieur L ? », on m'a répondu : « … Lui au moins il est tout le temps souriant et ses collaborateurs l'apprécient… ».

Je vous propose de continuer ce mini-parcours étymologique.

✍ Le sens des mots

Le mot **management** vient de l'italien *maneggio / maneggiare* et du français *manège*. Le verbe anglais *to manage* signifie « diriger ». Management : science de la technique de direction et de gestion de l'entreprise.

Le changement des habitudes et l'accueil positif de la nouveauté sont deux facettes régulièrement présentes chez les managers enthousiastes, motivants et talentueux que j'ai rencontrés. Ces managers résolument ancrés dans des logiques d'action accompagnent simplement leurs collaborateurs vers le succès et la réussite en distribuant, d'une certaine façon, leur énergie.

En fait, ils ne semblent pas spécialement détenir une quelconque science de la technique de direction et de gestion de l'entreprise. Ils sont surtout devenus maîtres de la simplicité dans l'art et la manière de manager.

La motivation : un mouvement entre besoins et désirs

Regardez autour de vous... Connaissez-vous réellement les talents de vos collaborateurs ?

À cette question, très souvent, mes interlocuteurs me répondent sur le terrain des compétences (savoir, savoir-faire, savoir-être). Les talents de vos collaborateurs imprègnent bien évidemment les compétences, mais vont bien au-delà...

Ces talents représentent (au même titre que les compétences) le réel actif social de l'entreprise. Principalement, quatre familles de talents existent. Il n'y a ni ordre spécifique, ni classement concernant ces talents.

- **Les talents physiques :** la santé, la force, la résistance. (Les talents physiques sont plus ou moins importants suivant les postes occupés.)
- **Les talents intellectuels :** l'intelligence, la mémoire, la curiosité, l'imagination, la créativité.
- **Les talents de caractère :** l'énergie, le dynamisme, la volonté, la ténacité, la loyauté... Ces talents de caractère représentent eux aussi un formidable gisement à découvrir ou à redécouvrir.
- **Les talents émotionnels :** la sociabilité, l'amabilité, l'altruisme... Ces talents émotionnels prennent une place de plus en plus significative dans l'entreprise et notamment le management.

Le « Funky Business »

« La vraie compétitivité se construit sur une chose dont nous savons tous qu'elle existe, mais qui est rarement l'objet de discussions dans le business : l'émotion. »[4]

L'émotion devient un capital important pour toute entreprise et son management. Il est important d'avoir à l'esprit ces familles de talents.

Pour atteindre ces objectifs, l'entreprise a donc intérêt à créer de façon permanente de nombreuses situations de travail qui simultanément, satisfassent les motivations des hommes et des femmes qui la composent, tout en favorisant l'expression et le développement de leurs talents respectifs.

Les besoins et les désirs de chacun sont différents. Chaque être est unique. Les entreprises qui réussissent, se rendent elles aussi uniques à un moment donné, par leurs offres, leurs produits, leurs prestations de services.

La motivation se joue « one to one »

Il est important pour un manager de penser à motiver de façon « one to one », c'est-à-dire de façon individuelle et personnelle. Le management doit rechercher et adapter des signes de reconnaissance particuliers à chaque personne qui constitue une équipe, à chaque équipe qui constitue un service, à chaque service qui constitue un département, à chaque département qui constitue une direction.

Ce qui motive telle personne, ne motivera pas telle autre.

---

4. Kjell NORDSTRÖM & Jonas RIDDERSTRÄLE, *Funky Business*, éd. Les Échos.

Il est important dans la perspective d'une motivation « *one to one* » de bien distinguer les deux dimensions de la motivation : la motivation intrinsèque et la motivation extrinsèque.

Les deux dimensions de la motivation

- **La motivation extrinsèque** représente tout ce qui est périphérique à la personne elle-même : il s'agit de son environnement, essentiellement professionnel. L'entreprise en représente la pièce centrale avec ses composants humains et organisationnels, son ambiance. L'entreprise est susceptible d'offrir à la personne un certain nombre de signes de reconnaissance et de symboles de récompense (cadre de travail, entourage professionnel, félicitations, augmentation de salaire, primes, intéressements divers et variés, avantages en nature tels que véhicules, voyages, etc.).

- **La motivation intrinsèque** représente quant à elle la motivation profonde et interne de la personne. Cette motivation est la face cachée de l'iceberg de la motivation. Elle est personnelle et plus ou moins consciente. Il s'agit du « qu'est-ce qui me fait bouger ? », du starter du lundi matin, du plaisir immédiat et non calculé que va ressentir la personne dans son action quotidienne.

Très souvent, trop souvent d'ailleurs, l'entreprise pense motivation en pensant seulement facteurs extrinsèques. La « carotte » du commercial en est un exemple.

Les facteurs extrinsèques agissent le plus souvent comme des déclencheurs : c'est l'effet de la « bonne surprise » ou de la récompense consécutive à un travail réalisé. Lorsqu'il y a répétition des récompenses extrinsèques, il y a constitution d'habitudes. Le risque est grand pour toute entreprise d'éroder le plaisir dès que l'habitude arrive et que la routine s'instaure.

Les motivations extrinsèques, même lorsqu'elles sont imaginées avec beaucoup de générosité par la direction, sont vite digérées dans la réalité. Ces déclencheurs n'agissent que sur du court terme.

Sur le long terme, il ne s'agit plus de déclencheurs mais de répétiteurs destinés à éviter l'endormissement des compétences et l'effondrement des performances.

Auto-questionnement

Qui est capable de me donner le montant exact de ses trois dernières primes ?

. . . .

Dans combien de temps recevrez-vous votre « prime exceptionnelle » ?

. . . .

Comme le souligne E.-W. Deming « Quand on donne aux enfants de l'argent ou des jouets pour qu'ils travaillent bien à l'école, qu'ils étudient la musique ou pratiquent un sport, on leur apprend à attendre des récompenses pour de bonnes performances. Ensuite, quand ils deviennent des adultes, leurs actions commencent à être dominées par leur désir de récompenses tangibles. Ils sont alors motivés de manière extrinsèque. Ils en viennent à compter sur la société pour recevoir des gratifications nécessaires à leur bien-être. Certains vont travailler énormément pour gagner beaucoup d'argent, mais arrivés à la cinquantaine ils découvriront que leur vie n'a pas de sens. Celui qui cherche un sens à sa vie dans les sources de motivations extrinsèques porte atteinte à son amour-propre. Il sait confusément qu'il n'a aucune autorité sur le monde, aucun pouvoir. Il peut se décourager. »[5]

N'avez-vous jamais rencontré de cadres supérieurs (pourtant très bien rémunérés) qui ont choisi un beau jour de démis-

---

5. W. Edwards DEMING, *Du nouveau en économie*, éd. Economica.

sionner de leur fonction afin de créer leur propre affaire ou bien encore de rentrer dans une entreprise naissante avec un salaire largement diminué ?

Ces prises de décision, qui peuvent par ailleurs paraître risquées pour les « collaborateurs-spectateurs », sont essentiellement poussées par une forte motivation intrinsèque, par une volonté de prendre des risques, de vivre des situations nouvelles, de sortir peut-être de la routine, de vivre autre chose, d'être différent, de réussir différemment.

Vu-Entendu

Il y a trois mois, dans un centre d'appels, une participante à un séminaire, Sophie, me disait l'air abattu : « … J'ai encore eu un chèque cadeau pour l'atteinte de mes objectifs… ».

Lorsqu'une personne est licenciée d'une entreprise, elle dira à un journaliste qui l'interviewe, qu'elle « a donné 15 ans de sa vie à cette entreprise ». En aucun cas, elle n'aura à l'esprit les diverses primes perçues, 13e, 14e mois, etc.

L'habitude et la routine appauvrissent inévitablement la motivation extrinsèque

La motivation extrinsèque, matériellement parlant, est très fragile car faiblement mémorisée lorsqu'il y a fréquence régulière de « versement ». Autre erreur commise dans beaucoup d'entreprises : la reconnaissance extrinsèque par le biais des classements affichés des collaborateurs en fonction de leurs résultats.

Vu-Entendu

A.G, directeur commercial d'une société de livraison à domicile de produits surgelés, me disait récemment la chose suivante : « Depuis 5 mois, dans notre salle de réunion nous affichons le classement hebdomadaire de nos commerciaux. Ceux qui sont en tête sont toujours les mêmes et ceux en bas aussi. L'affichage ne fait pas du tout évoluer la situation. Au contraire, ça empire ».

« L'affichage habituel » ne sert à rien puisque ceux qui sont les meilleurs savent la plupart du temps qu'ils sont les meilleurs. Quant à ceux qui sont au plus bas du classement, ils estiment souvent que la pente à remonter est impossible. J'ai conseillé à ce directeur de « surprendre » positivement les moins bons lorsqu'ils parviendraient à remonter la pente : à les reconnaître différemment par exemple devant leurs collègues en réunions. Puis, ôter l'affichage (puisqu'il ne sert manifestement à rien) et modifier les séances de briefing/débriefing des commerciaux : que ceux qui réussissent partagent tout simplement les raisons de leurs succès avec ceux qui échouent.

Le terrorisme des « évidences négatives » ne paie jamais en motivation

N'oublions pas que le fait d'afficher un classement peut ramener toute personne à un souvenir enfoui de classement scolaire ou sportif mal vécu... Souvenez-vous de la distribution de copies du professeur qui commençait par : « Alors nous avons un 2 sur 20 pour commencer, il s'agit de monsieur ou mademoiselle.... ».

Si c'était de vous qu'il s'agissait, était-ce vraiment motivant ?

Le manager est un élément motivant extrinsèque

Le manager est en soi l'élément motivant extrinsèque numéro un pour tout collaborateur. Savoir reconnaître simplement et rapidement une personne pour ce qu'elle a fait de bien ne coûte rien à part quelques instants de partage de réussite. Je suis chaque jour étonné de m'apercevoir à quel point la reconnaissance « en direct » des collaborateurs qui réalisent des choses bien pose des problèmes d'organisation à de nombreux managers. Managers souvent trop absorbés à réfléchir ou à concevoir je ne sais quels tableaux de bord mystérieux remplis de colonnes, de courbes et de chiffres.

Voici, selon une étude du Wichita State University, les techniques de motivation que des employés ont choisi comme étant les plus efficaces :

1. Les remerciements personnels.
2. Les remerciements écrits.
3. Une promotion fondée sur la performance.
4. Un éloge en public.
5. Des réunions pour bâtir un esprit de travail positif.

La motivation interne ou intrinsèque est complexe et confidentielle

Revenons à la seconde dimension de la motivation, cette motivation interne, plus ou moins dissimulée dans notre jardin secret : la motivation intrinsèque.

Cette motivation intrinsèque est l'écho d'un système de valeurs. Elle nous incite à prendre le travail (quelles que soient nos récompenses extrinsèques) comme quelque chose de répétitif, de routinier, d'écrasant ou *a contrario* comme quelque chose de plaisant, d'important, de sensé.

Cette motivation intrinsèque est complexe à cerner. Elle correspond à une personne, au parcours de vie d'un individu, à son histoire, son éducation. Cette motivation est personnelle et souvent confidentielle. Elle appartient à l'individu, elle est en lui.

Cette motivation intrinsèque forge avec le temps nos différents talents notamment émotionnels. Elle est le siège de notre « pouvoir d'action » ou de notre « pouvoir d'immobilisme ».

Auto-questionnement

Ai-je choisi de travailler ici ?

. . . .

Est-ce que je fais ce que je rêvais de faire ?

. . . .

Ai-je choisi d'accomplir ce même geste tous les jours ?

. . . .

Mon travail a-t-il un sens pour moi et pour les autres ?

. . . .

Qu'est-ce qui me donne envie d'aller travailler le lundi matin ?

. . . .

Toutes ces questions prennent un sens particulier pour la personne qui n'est pas réellement en phase avec sa motivation intrinsèque. Enclencher une nouvelle semaine de travail comme une perspective routinière ne crée pas en soi un futur propice à la prise de plaisir dans l'action. D'autant plus si un environnement managerial positif est absent dans l'entreprise.

Les interrogations du manager face à la motivation

Tout manager en situation se pose des questions essentielles réparties en deux grandes catégories : celle qui concerne le management individuel et celle qui concerne le management collectif.

Le manager doit donc se sensibiliser aux attitudes motivationnelles qu'il adopte envers chacun de ses collaborateurs, afin que chacun avance vers un objectif commun avec plaisir. Simultanément, le manager doit intégrer l'ensemble de ses collaborateurs dans un fonctionnement collectif afin que l'équipe avance ensemble.

Le manager se doit donc de motiver différemment en fonction des situations individuelles et collectives rencontrées.

Il existe bien entendu un système de vases communicants, entre motivation intrinsèque et motivation extrinsèque. N'importe quel collaborateur prendra plus de plaisir à se rendre à son bureau le lundi matin, s'il sait que son manager est plutôt quelqu'un de positif et sympathique.

La « théorie des dominos » et la réaction en chaîne

Reste maintenant la grande inconnue : quelle est la motivation intrinsèque du manager ? Quel est l'état de votre motivation intrinsèque ?

La compréhension des mécanismes de la démotivation ressemble à la théorie des dominos. Une réaction en chaîne a lieu : si le manager subit une baisse significative de sa motivation intrinsèque, il est courant de voir ses collaborateurs la subir aussi. Il s'ensuit une zone de turbulences qui touche globalement la motivation dans ses deux dimensions.

Il appartient donc au manager de devenir, au quotidien, un authentique motivateur

Tous les managers performants et talentueux (dans la durée) que j'ai rencontrés possédaient des talents (de caractère et émotionnels) : ceux de savoir motiver dans l'action leurs collaborateurs de façon individuelle et collective. Ils avaient su mettre en place un courant motivationnel fort avec leur entourage.

La motivation au-delà des méthodes de management

Auto-questionnement

Vous êtes-vous préparé à motiver ?

· ·

Êtes-vous prêt à motiver ?

· ·

Êtes-vous vous-même motivé ?

· ·

Notre culture et notre éducation nous ont-elles prédisposés à cela ?

· ·

Pourquoi 90 % des approches, des outils, des méthodes de management proviennent-ils des États-Unis ? Peut-être parce que la courte histoire de ce pays a permis de créer concepts et méthodes sans limitation, sans *background* historique, culturel ou religieux.

Les principes de modélisation en management fonctionnent souvent bien dans les entreprises anglo-saxonnes. La société américaine agit selon un mode essentiellement binaire : ça marche ou ça ne marche pas, faites ceci ou cela, c'est noir ou c'est blanc…

Notre approche culturelle européenne est loin d'être binaire. Entre le noir et le blanc, nous avons développé la capacité de percevoir de nombreuses nuances de gris. Je suis surpris, lorsque je présente la matrice classique du management de Robert Black et Jane Mouton, de voir le nombre de managers français qui se situent dans la position centrale : celle du compromis.

La matrice de management de Robert Black & Jane Mouton

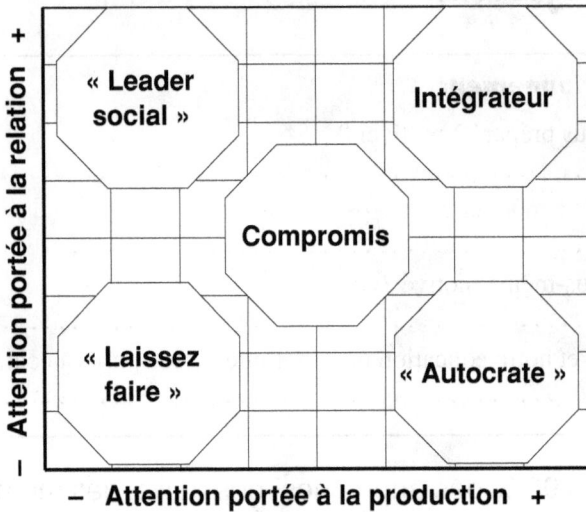

Lorsque, par exemple, vous identifiez les styles de leadership issus des travaux de Paul Hersey et Ken Blanchard, il est toujours étonnant de voir des participants gênés d'être isolés dans l'un ou l'autre des positionnements possibles en fonction des situations exprimées.

Les styles de leadership (quadrants) de Paul Hersey et Ken Blanchard

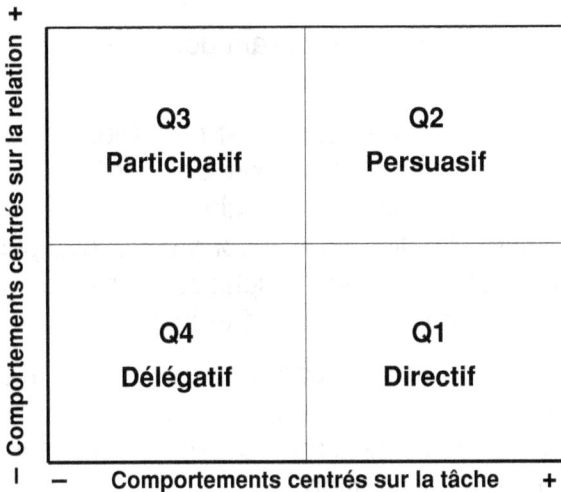

	Comportements centrés sur la relation +	
	Q3 Participatif	Q2 Persuasif
	Q4 Délégatif	Q1 Directif

− **Comportements centrés sur la tâche** +

Être « catégorisé » pour un manager en France représente plus de contraintes que d'intérêts.

Un élément innovant de cette méthode des années 80 fut d'amener un « nouvel ingrédient » : la « maturité des collaborateurs ».

Les niveaux de maturité des collaborateurs résultent de la combinaison de 2 paramètres :

- La compétence (technique) prouvée dans l'action.
- L'état émotionnel du collaborateur relatif à l'accomplissement de l'action (motivation, volonté…).

Cela donne 4 niveaux de maturité :

M4 Très compétent, motivé, sécurisé et volontaire.

M3 Compétent, mais non motivé, ou insécurisé ou résistant.

M2 Incompétent, mais motivé et insécurisé et volontaire.

M1 Très incompétent, non motivé, ou insécurisé ou résistant.

Ce nouvel élément est intéressant pour nous, car il inclut la composante motivation.

Cette matrice de compréhension et d'amélioration des pratiques manageriales correspond encore une fois bien au fonctionnement comportementaliste américain. L'adaptation française du « management situationnel » apporte beaucoup plus de rigidité dans les faits que de souplesse dans les pratiques déployées quotidiennement dans les entreprises.

Enfin, il est intéressant de constater que l'on arrive à expliquer la présence souvent importante de collaborateurs de type M3 dans bon nombre d'entreprises, en creusant la piste des raisons de la démotivation.

Ce n'est donc bien évidemment pas uniquement en maîtrisant une méthode que vous maîtriserez la motivation et deviendrez plus enthousiaste. Les méthodes, quelles qu'elles soient, vous apporteront un éclairage sur vos pratiques, rien de plus et rien de moins au niveau de la motivation et de l'enthousiasme. Comprendre la raison d'une panne ne vous transforme pas pour autant en réparateur chevronné.

Si votre équipe subit une baisse de motivation, vous en êtes co-responsable

Loin des méthodes et des matrices de compréhension des situations et du management, c'est de vous qu'il s'agit. Vous êtes à l'origine de votre motivation que vous choisirez ou non de transmettre par votre enthousiasme à vos collaborateurs. Vous êtes donc, en tant que manager, directement à l'origine d'une partie de la motivation de vos collaborateurs.

La chaîne de la motivation face à nos principes éducatifs

La motivation se transmet de plusieurs façons. Néanmoins, la transmission de l'élan et du dynamisme dans l'entreprise part normalement voire « naturellement » du PDG et des membres dirigeants pour arriver au simple employé en passant par de nombreux intermédiaires « ressourceurs » : les managers idéalement accessibles et proches de leurs collaborateurs.

Le processus de la réussite

Ce parcours de la motivation croisera inévitablement, à un moment précis, l'enthousiasme. La motivation sera dès lors perçue par cet enthousiasme, lui-même véhiculé par l'énergie que tout manager mobilisera. Ce cheminement, que nous pourrions qualifier de « chaîne de la motivation », forme un processus important dans l'entreprise. Nous détaillerons point par point ce processus de l'enthousiasme et de la motivation que je qualifie de processus de la réussite.

Il n'est pas toujours facile de s'auto-motiver et de motiver celles et ceux qui nous entourent. En remontant dans le temps, nous comprenons mieux, au travers des six grandes étapes de l'éducation, en quoi notre histoire a formaté, conditionné notre approche de la motivation et de l'enthousiasme.

L'évolution des motivations

Dans l'Antiquité, l'éducation est principalement guerrière, le combat est nécessaire pour réussir et les châtiments corporels nombreux. Ce mode d'éducation viril prône un apprentissage destiné principalement à former des guerriers. La principale motivation est de survivre.

Durant le Moyen Âge, l'éducation devient religieuse. La pédagogie de l'époque vire essentiellement à réprimer les mauvais penchants, l'apprentissage se moralise de plus en plus et il y a nécessité à former des croyants. Le bien et le mal font tourner le monde et sont illustrés de façon outrancière. La principale motivation est de croire.

Arrive beaucoup plus tard le siècle des Lumières. Du XVIe au XVIIIe siècle, l'éducation humaniste forge les esprits. Éduquer équivaut à former une personne. Les connaissances deviennent plus rationnelles. La logique s'installe. La principale motivation est de comprendre.

Le XIXe siècle voit apparaître la notion de citoyenneté. L'éducation citoyenne : l'école accompagne la révolution industrielle. Elle est gratuite, laïque et obligatoire. La pédagogie devient rapidement une préoccupation majeure pour la société. La principale motivation est de produire.

Le XXe siècle est le siècle de l'éducation universelle. Élément nouveau, la psychologie façonne l'éducation. Le manque de savoir signifie exclusion. L'erreur s'impose comme nécessaire à l'acquisition des connaissances. La principale motivation est d'apprendre.

Ce long cheminement se termine donc par les vertus de la pédagogie par l'erreur. L'erreur, mot clé pour la compréhension des rouages de la motivation, va nous éclairer sur un certain nombre de pratiques actuelles dans l'entreprise.

Dans les systèmes éducatifs classiques, la notation en rouge des fautes est une illustration criante des facteurs motivants ou démotivants inclus dans cette pédagogie par l'erreur : un enfant qui reçoit la copie de sa dictée sait immédiatement la note obtenue ramenée au nombre de fautes commises.

Connaît-il pour autant le nombre de bons mots, ceux écrits sans fautes ? Rares sont les instituteurs ou professeurs qui communiquent à leurs élèves le nombre total de mots contenus dans une dictée.

Le XXIe siècle renforcera les stratégies des entreprises autour de la capitalisation et du partage du savoir et la motivation. Savoir et motivation rendront les entreprises plus fortes pour affronter les changements quasi permanents qui les toucheront.

Auto-questionnement

Dans l'entreprise, combien de fois rencontrez-vous vos collaborateurs pour leur présenter « leurs fautes » ?

. . . .

Et combien de fois mettez-vous en évidence leurs succès quotidiens ?

. . . .

Les succès quotidiens sont souvent occultés pour une simple raison : un collaborateur est rémunéré pour le travail qu'il fournit ; et forcément, cela doit être du « bon travail », donc de qualité.

Partant de là, la pédagogie par l'erreur s'efface au profit d'une dérive : celle de la focalisation sur l'erreur. Apprendre en corrigeant ses erreurs laisse la place à tout faire pour les éviter... En se focalisant de cette manière sur l'évitement de l'erreur, chacun se focalise sur l'erreur.

La réussite, quelle qu'elle soit, passe dès lors au second plan. À ce petit jeu, nombreux sont les managers qui ne voient plus que les fautes et qui sont pris d'une frénésie de notations « en rouge ».

Le XXIe siècle s'annonce comme une étape essentielle dans l'évolution de l'éducation. Le savoir devient le réel capital de l'entreprise. Les ressources humaines prennent un sens particulier : savoir rime avec pouvoir.

La concurrence et les exigences de compétitivité des marchés imposent d'apprendre toute sa vie. Un jeune diplômé doit avoir en tête que la valeur de son diplôme, confrontée à la réalité de la compétitivité, ne pèsera pas très lourd s'il ne rafraîchit pas régulièrement ses connaissances.

La principale motivation sera donc d'apprendre en permanence avec plaisir.

Il devient nécessaire de devenir « agile » sur le plan des compétences et de s'adapter à l'instabilité et aux changements au risque de disparaître...

Chef ou leader ?

Éducation, management et motivation sont effectivement imbriqués et indissociables. Être manager nécessite de se transformer en équilibriste, entre fonction et rôle.

Le manager « chef » attentif à sa fonction fait respecter des règles, définit les objectifs et positionne un cadre d'action normatif. Ce cadre d'action destine tout collaborateur à fonctionner dans un périmètre déterminé vers un objectif clair.

Le manager « leader » attentif à son rôle partage une vision des choses et des actions, met en scène les objectifs, influence et fait adhérer en donnant envie de réussir à ses collaborateurs.

L'équilibre, pour tout manager, entre fonction et rôle est délicat et change en permanence, tous les jours, toutes les heures.

Au manager donc de s'interroger souvent et de composer en fonction de l'entreprise, de lui-même et des autres.

Auto-questionnement

Suis-je un manager qui donne souvent des occasions d'agir à mes collaborateurs, ou suis-je au contraire un manager qui oblige à faire ?

. . . .

Le cerveau gauche sert beaucoup, mais il a ses limites

Notre société, notre éducation, pré-fabriquent essentiellement des managers « chefs ». Le manager « chef » évolue dans son histoire de vie (culture, famille, éducation, etc.), en musclant son cerveau gauche : l'hémisphère de notre cerveau siège de la logique, l'analyse, le raisonné, les chiffres, l'ordonné, le planifié.

Dans de nombreux cursus formatifs et diplômants en management, les contenus s'adressant au cerveau gauche représentent 75 à 80 % des apports. D'ailleurs, les examens sont bâtis la plupart du temps sur des référentiels exacts, rigoureux et cartésiens.

Nos systèmes éducatifs fabriquent d'excellents gestionnaires, mais peu de bons motivateurs

La motivation est par définition difficilement mesurable avec un pied à coulisse.

C'est essentiellement une affaire d'émotion et de créativité, une affaire de cerveau droit.

Et là, tout s'accélère et se complique pour les puissants cerveaux gauches : ce n'est pas uniquement en augmentant une prime que la motivation d'une équipe repartira au quart de tour.

Faire appel au cerveau droit

Le cerveau droit, siège de notre esprit de synthèse, de nos émotions, de nos capacités à communiquer de façon humanisée et spirituelle, de notre créativité, favorise l'émergence naturelle du manager « leader ».

Pourquoi trouvons-nous souvent dans des revues spécialisées des articles ou des ouvrages de management qui traitent du « leadership » ? Parce que le leadership est attirant et mystérieux, parce que beaucoup d'auteurs ou de spécialistes veulent le comprendre, le cerner, le radiographier, le modéliser. Seulement, le leadership comme la motivation ne se comprend pas uniquement à l'aide de critères raisonnés : rationnels et cartésiens.

Habitudes et modes éducatifs obligent, nous avons tendance, pour traiter une problématique, à chercher dans nos ressources logiques (cerveau gauche), alors qu'une grande partie des réponses peuvent aussi se trouver ailleurs (cerveau droit).

Le cerveau, muscle de l'action, moteur de la motivation et de l'enthousiasme

Cette notion de bi-hémisphérité maintenant connue et reconnue, en particulier par les travaux de R. Sperry (Prix Nobel 1981), Mac Lean, Laborit et Changeux, permet d'envisager le cerveau comme notre muscle de l'action, moteur de la motivation et de l'enthousiasme.

La motivation : une affaire de représentations

Les 3 cerveaux empilés[6]

En plus de ses deux hémisphères, notre cerveau est en fait organisé selon trois cerveaux empilés. Le premier cerveau est l'hypothalamus ou cerveau reptilien : c'est le cerveau des pulsions, des impulsions : boire, manger, se défendre, se protéger. C'est ici que se trouve l'origine de la vitalité, le déclenchement d'une forme d'énergie initiale.

Directement connecté à ce cerveau reptilien, nous trouvons notre second cerveau : le cerveau limbique. Ce cerveau compile et mémorise nos émotions. Nos souvenirs sont enregistrés et stockés par ce cerveau d'une façon assez élémentaire : sont séparés et enregistrés nos souvenirs positifs et heureux (récompenses, plaisirs...) et nos souvenirs négatifs et malheureux (punitions, échecs...).

Ainsi « équipés », nous cherchons, et cela de manière inconsciente, à éviter tout ce qui peut rappeler des sentiments désagréables et à retrouver ce qui peut rappeler des sentiments agréables.

Ce cerveau limbique contiendrait en outre nos intentions, nos systèmes de valeurs.

Reste enfin le troisième cerveau, appelé néocortex : « la matière grise ». Il s'agit du cerveau qui réfléchit. Capable de produire des représentations, il nous permet d'établir nos « grilles de lecture » d'événements.

Selon certains chercheurs, le choix de modèles stratégiques produits par le néocortex serait induit par le limbique... Il y aurait connexion évidente entre nos systèmes de

---

6. Lire à ce sujet le livre de Dominique CHALVIN, *Utiliser tout son cerveau*, éd. ESF.

valeurs et nos « grilles de lecture » : les bases de nos réfé-rentiels personnels, à l'origine de toutes nos réflexions/actions.

Au regard de ces éléments descriptifs sur notre mystérieux cerveau, il semblerait légitime que certains managers puis-sent avoir « la grosse tête » pourtant...

Les pièges de la routine

Dans la vie comme dans une entreprise, plus nous fai-sons la même chose de la même manière, plus nous nous ancrons dans des habitudes, plus nous nous installons dans la routine.

Ce qui nous semblait intéressant, nouveau, inhabituel est digéré, intégré avec le temps. Arrive le jour où la routine se transforme en banalité. À ce moment précis, sans même vous en rendre compte, vous fragilisez votre motivation et votre enthousiasme disparaît. Dès lors, si rien ne vous surprend, vous pouvez même devenir blasé.

Souvenez-vous, lorsque pour la première fois, vous avez pris une nouvelle route. Rappelez-vous, vous vous rendez pour la première fois dans cette entreprise dans laquelle vous allez travailler. Vous remarquez naturellement tous les élé-ments du parcours : l'arbre en fleur ici, ce carrefour dangereux là, votre place de parking, puis les différents couloirs qui vous conduisent à votre bureau. Vous rencontrez de nouvelles têtes, ces gens qui deviendront vos collègues, qui feront par-tie de votre quotidien.

Quelques jours, quelques semaines et quelques mois plus tard, vous ne regarderez même plus le chemin que vous avez l'habitude tous les jours de parcourir (parfois vous aurez même la nette impression que votre voiture soudainement devenue intelligente vous aura conduit d'un point A à un point B). Vous serez habitué à cette route, à ces visages. Vous serez dans une mini routine. Phénomène normal en soit.

Mais la routine est un ennemi important de la motivation, perceptible par la perte de plaisir liée à l'habitude. L'habitude, la répétition quotidienne entraînent la perte du plaisir de la réalisation.

Pourquoi partir en vacances ? Pour bien se reposer, pour « faire un break », pour notre environnement, pour notre rapport au temps, pour nous propulser dans un contexte qui inclut de la nouveauté : une nouvelle région, nouvelle maison, nouveaux amis.

Nous brisons ainsi le train-train quotidien.

Il est d'ailleurs tout à fait intéressant de constater à ce sujet que les habitudes globales des Français sont en train d'évoluer sous l'effet des 35 heures. Les fréquences des congés se modifient selon la règle du plus souvent et moins longtemps. Peut-être nous acheminons-nous vers plus de « lundi au soleil », comme le chantait Claude François.

Arrive la fin des vacances : la rentrée, le mois de septembre et sa cohorte de reprises. Certains ressentent le blues de la reprise boosté par l'effet rétroviseur nostalgique : « C'était bien les vacances ».

« C'était bien les vacances » est la parfaite démonstration *a posteriori* du plaisir que des personnes ont pris en changeant leurs habitudes durant quelques semaines.

Pourquoi, chez certaines personnes, arrive le blues de la reprise, le blues du lundi ? Simplement parce que le seul fait de se représenter le redémarrage d'une activité professionnelle fait resurgir un certain nombre d'émotions habituelles que chacun risque de revivre quotidiennement.

Notons en passant l'importance de la qualité du management en place dans les phénomènes de réduction du blues de la reprise. Si le management est globalement positif, la reprise est facilitée. La motivation rééquilibre de façon significative la phase de redémarrage.

« Je repars au travail ...», « c'est la reprise... » voire « je reprends le collier... » sont autant d'expressions riches de sens en termes de représentation ni motivante et ni franchement enthousiasmante. Il est vrai qu'étymologiquement, le mot **travail** provient du latin *trepalium*, instrument de torture...

D'un point de vue anecdotique, la formulation suivante s'entend plus souvent qu'on ne pourrait le croire : « Je vais retrouver mon chef, il sera peut-être plus sympa parce qu'il rentre de vacances ».

De nouveaux scénarios, de nouveaux réflexes

L'être humain est étonnant. Il a cette capacité à s'auto-définir des scénarios dans sa vie personnelle et professionnelle, à s'auto-limiter dans ses représentations parce que, ce qu'il vit, « est comme ça » et ce n'est pas autrement.

Il devient capital de considérer le phénomène de nouveauté comme une clé importante du développement de l'enthousiasme, de la motivation et par voie de conséquence, de l'action.

Nouveauté au sens large. Par nouveauté, vous pouvez vous représenter tout ce que vous voulez en termes de diversité : modification (grande ou petite) de vos pratiques manageriales (signes de reconnaissance différents suivant les personnes ou les équipes), de vos habitudes organisationnelles (la messe briefing d'un lundi matin est décalée à un autre moment), etc.

Bousculer votre organisation vous fera bousculer vos comportements.

Piste intéressante à explorer, si vous souhaitez motiver différemment celles et ceux qui vous entourent.

L'enthousiasme que vous transmettez à votre entourage dépend uniquement de vous.

Vu-Entendu

Gilles

Récemment, lors d'un rendez-vous, Gilles, jeune directeur de département d'une entreprise d'électronique, me disait la chose suivante : « Il me semble nécessaire, dans ce département, d'effectuer un travail sur la communication. Nos employés sont bien payés, leur cadre de travail est agréable, seulement on s'aperçoit qu'il manque quelque chose.... Mais quoi exactement, vous êtes là pour nous le dire et pour nous proposer des méthodes en tant que consultant ».

Je suis toujours étonné de ces états d'attente en termes de méthodes « magiques », de recettes « toutes faites » de la part de certains interlocuteurs que je rencontre, autour de ces thèmes de l'enthousiasme et de la motivation dans l'entreprise.

Débute alors la phase questionnement avec mon interlocuteur.

Depuis le début de l'entretien, j'avais perçu une certaine rigidité, une réserve, une austérité manageriale à la française dans le « savoir-être ». Jamais je n'avais perçu de sourire chez mon interlocuteur. Vint ensuite une série de questions sur les préoccupations de Gilles à l'instant « t », puis une autre sur les pratiques maison en termes de signes de reconnaissance dans l'entreprise. Et là, sans grande surprise malheureusement, je découvris une fois encore une entreprise non pas focalisée sur le succès mais engluée sur « ce qui ne marche pas », une entreprise qui voit les fautes, les traite au coup par coup, sans pour autant rechercher le remède.

Gilles partage au final peu ses ressentis. Il préfère très vite m'emmener sur le chemin de la préoccupation actuelle de l'entreprise autour d'Iso et de la qualité. Ce serait tellement mieux si l'enthousiasme et la motivation pouvaient se déclencher grâce à l'ajout de nouvelles procédures...

Yves

Dans une autre entreprise, Yves, assez grand, plutôt froid, informaticien, nommé directeur d'une SSII depuis peu, me fait part de son désappointement au sujet de l'arrivée d'un courant de démotivation dans ses murs.

J'entreprends, avec l'accord de mon interlocuteur quelques jours plus tard, mon audit favori : « l'audit S », l'audit des sourires dans l'entreprise. Cet audit étonne souvent mes interlocuteurs car il va vite et n'impacte en rien la productivité. Je me promène dans l'entreprise, je comptabilise les sourires, je note les endroits où je les vois et enfin, je capte les attitudes et comportements d'ouverture ou de fermeture de chacun. Yves ne fut pas franchement surpris d'apprendre que son entreprise présentait une note particulièrement basse…

Il fut rapidement rassuré d'apprendre que j'avais une ou deux approches à lui proposer afin d'éclairer cet état global de démotivation. Cette information déclencha (enfin) son premier sourire (je le lui fis remarquer d'ailleurs). Il fut ravi de surcroît, d'apprendre que ma proposition pourrait être mise en place de façon souple en cohabitation totale avec les impératifs de production de chacun.

Rassuré, je pus enfin lui dire, en y mettant les formes, que l'origine du problème, au sein de l'entreprise, émanait directement de lui. Il créait et propageait généreusement autour de lui des facteurs de tension, d'appréhension, de crainte. Il ne savait pas reconnaître et transmettre de messages positifs autour de lui. Il faisait tout simplement peur et inspirait sans le vouloir la méfiance. Une collaboration sous la forme d'un coaching visant pour Yves à acquérir de nouveaux réflexes positifs dans son quotidien de manager se mit dès lors en place. Les nouveaux comportements d'Yves donnent aujourd'hui leurs tous premiers résultats.

Changements radicaux ou légères modifications d'environnements, diversités des signes de reconnaissance à destination des collaborateurs, évolution de comportements, acquisition de nouveaux réflexes favorisant les actions positives, ces différents aspects vous seront détaillés dans la partie liée au cycle du management par l'enthousiasme.

Les sensations de la réussite

Auto-questionnement

Que se passe-t-il lorsque vous êtes vous-même motivé ? Que ressentez-vous ? de la joie ? de la peur ? de l'excitation ?

. . . .

Que ressentent vos collaborateurs ?

. . . .

La motivation, votre motivation, vient très souvent du fait que vous allez agir en vue d'obtenir, de vivre, de découvrir quelque chose de nouveau. Que vous allez franchir un nouveau cap, réagir face à une situation.

Lorsque vous aurez franchi ce passage, que vous obtiendrez ce que vous souhaitez, vous serez naturellement moins motivé jusqu'au moment où vous repartirez sur un objectif, une focalisation spécifique qui vous donnera à nouveau envie d'agir.

Ainsi, agir vers, lorsque cela est motivant, procure un certain plaisir dans l'action (voire une certaine excitation).

Ces ressentis se stockeront dans votre cerveau, et auront un impact positif sur vos émotions.

Nous sommes tous dotés d'une même structure cérébrale. Ne diffèrent de personne à personne que certaines capacités classiquement rangées en quotients : intellectuels (QI) et émotionnels (QE).

Nous possédons tous un radar plus ou moins bien déplié qui a la particularité de se déclencher lorsqu'arrive une information agréable ou désagréable, une bonne ou mauvaise note, une menace ou une opportunité, la reconnaissance positive d'un supérieur hiérarchique ou au contraire le reproche du chef.

L'action focalisée sur le succès

Notre radar personnel va nous permettre d'agir de façon focalisée en fonction de ce que nous avons précédemment vécu. Il peut s'agir d'une focalisation positive : action / plaisir / succès / reconnaissance ou d'une focalisation négative : action / peur / échec / reproche.

Ce qui permettra, le jour venu, de régler un radar personnel déficient (autrement dit bloqué en position focalisation négative) résidera en partie dans l'art et la manière dont un manager provoque la réussite et reconnaît son collaborateur dans l'action ; et ce, avant que le soufflé ne retombe.

Un vrai cadeau d'anniversaire arrive le jour de l'anniversaire

Trop d'entreprises fêtent leur succès trop tard, après coup, une fois que l'élan est terminé, la dynamique retombée.

Trop de managers ne savent pas être « là » au bon moment au bon endroit pour féliciter leurs collaborateurs talentueux.

Nous fonctionnons tous avec notre radar-déclencheur. Plus nous l'activons pour une raison identique, plus nous nous tissons d'automatismes, bons ou mauvais, sur l'autoroute de nos habitudes.

Arrive un moment où, en situation que nous qualifions d'habituelle, nous agissons en pilotage automatique sans même nous en rendre compte.

Les managers qui savent motiver choisissent régulièrement de prendre des bretelles de sorties inhabituelles sur l'autoroute de leurs habitudes. Ils décident par là-même de se surprendre, et donc de surprendre positivement leur entourage professionnel.

Ils donnent tout simplement envie de faire différemment, et d'être différent pour obtenir de meilleurs résultats. Ils sont déjà, à ce stade, sur la piste de l'enthousiasme.

Est-ce que cela s'apprend pour un manager ? Oui, en s'entraînant.

Cet entraînement fera appel à votre dynamisme, votre énergie et votre positivisme. Êtes-vous optimiste de nature ? Oui_? Tant mieux, ce ne sera que plus simple. Non ? Ce n'est pas bien grave, apprêtez-vous seulement à travailler un peu plus... et à penser différemment dans les jours et les semaines à venir face aux situations qui surviennent.

L'enthousiasme se véhiculera essentiellement par votre savoir-être, pensez-y dès maintenant.

Ce que vous reflétez à vos collaborateurs par vos attitudes et comportements non verbaux est plus important que ce que vous leur dites. « Ce qui ne s'exprime pas s'imprime », me confiait un jour quelqu'un.

N'oubliez pas que l'impact d'un message vient à :

- 7 % des mots employés ;
- 38 % de l'intonation, de la voix ;
- 55 % des attitudes physiques.

Chapitre 2

Un préalable : lever les freins à l'enthousiasme

En ces périodes où les environnements changent à toute vitesse, nombreux sont les freins à l'enthousiasme dans l'entreprise.

Le premier défi, pour n'importe quel manager est de développer l'enthousiasme et d'entretenir des courants motivationnels dans des environnements de travail répétitif.

Décider de mettre en œuvre des mesures afin de lutter contre les phénomènes de répétition, c'est avant tout rechercher les raisons profondes qui ont conduit l'organisation à « s'auto-hypnotiser quotidiennement ».

C'est essentiellement en recherchant les raisons de cette « auto-hypnose » que nous trouvons ce que j'appelle les freins périphériques. Ceux-ci conduisent inévitablement l'entreprise dans les turbulences de la démotivation. Découvrons comment les lever.

Lever le frein de la faible reconnaissance et du manque d'appartenance

Nous avons tous besoin, pour vivre, de signes de reconnaissance. Ce besoin vital est tellement « oublié » dans de nombreuses entreprises que cela en est parfois choquant.

La reconnaissance, ce besoin mis en évidence par A. Maslow dans sa célèbre pyramide des besoins, repose souvent en management sur des signes, des marques d'attention particulières, qu'adresse le manager à son équipe ou à tel ou tel collaborateur.

Ces signes sont baptisés « Strokes » en Analyse Transactionnelle. Un stroke se définit comme une unité de reconnaissance.

Nous adressons donc, consciemment ou inconsciemment, des *strokes* aux autres. En contrepartie, nous en recevons. Il peut s'agir de signes de reconnaissance sympathiques et plaisants (*strokes* positifs) ou de signes d'agressivité et de dévalorisation (*strokes* négatifs).

Ces signes de reconnaissance se transmettent quotidiennement sous des formes verbales (mots) et non verbales (gestes, attitudes et regards).

Dans l'entreprise, le manager émet des signes de reconnaissance en fonction de sa réaction (plan comportemental) à la situation rencontrée.

Suivant les résultats obtenus à la suite d'une action positive ou négative, nous captons et ressentons des signes de reconnaissance. Il s'ensuit un tri sélectif émotionnel (émotions agréables ou désagréables), puis un stockage dans notre mémoire.

Les signes de reconnaissance influencent directement nos émotions

Il est donc important pour tout manager de comprendre qu'au niveau des signes de reconnaissance transmis à un collaborateur ou à une équipe, il n'aura pas deux fois l'occasion d'envoyer les bons signes de reconnaissance à la bonne personne ou au bon groupe au bon moment : ce qui est fait est fait, ce qui est dit est dit…

Tout signe de reconnaissance (bon ou mauvais) impressionne donc plus ou moins, crée un ressenti (agréable ou désagréable) qui se traduira en une émotion positive (joie > plaisir) ou négative (tristesse > peur).

Les ressources du management émotionnel

Trop souvent, des managers conçoivent des signes de reconnaissance en éléments factuels et comptables. Envisager les signes de reconnaissance sous cet angle unique (ex. : des primes ou incentives diverses et variées) ne constitue que très rarement le « carburant motivationnel longue durée ». Ces types de reconnaissance ne sont en fait que des déclencheurs de motivation extrinsèque.

Ils ne suffisent pas dans le temps sans le relais d'autres signes de reconnaissance du management. Ces autres signes s'adressent à l'émotion des personnes. Ils touchent la motivation intrinsèque et ont dans le temps une portée plus grande.

Les signes de reconnaissance qui impactent positivement la motivation se situent essentiellement dans l'utilisation et la perception des messages au niveau du cerveau droit. Le cerveau gauche sera lui capable d'une certaine ingéniosité sur la compréhension et le calcul d'une prime par exemple.

Il est courant de rencontrer des managers qui recherchent ce qui « fera plaisir » en termes de signes de reconnaissances. Certains managers trouvent une réponse dans la fabrication « d'usines à primes », de tableaux du mérite et autres classements. Ces éléments de réponse s'adressent plus à la raison et à l'esprit logique qu'à l'émotion.

L'aspect émotionnel dans la compréhension de la motivation est souvent appréhendé avec difficulté (voire carrément mis de côté) par les managers. Plusieurs explications apparaissent pour comprendre cette mise à l'index de l'aspect émotionnel dans la motivation.

- *La première explication*, la plus flagrante, réside dans la quête d'une certaine perfection, d'une recherche d'excellence logique dans « l'art de manager ». Seulement, nous en prenons de plus en plus conscience, la motivation et l'enthousiasme ne répondent pas uniquement à des critères raisonnés. Il n'est pas question véritablement de science exacte.

Trop de managers se conditionnent à adopter des comportements visibles aux yeux de leurs collaborateurs, et compréhensibles pour eux-mêmes. Cela est flagrant lorsqu'on côtoie des managers qui sortent par exemple d'une formation au management situationnel. Ils sont pour la plupart réellement conditionnés et cherchent à repérer les situations en vue d'agir de telle ou telle façon.

Pour ces managers, il est rassurant de savoir où se situer en fonction des autres et de la situation.

- *La seconde explication* se situe dans le « questionnement à retardement ». Ainsi, j'ai régulièrement des échanges avec des managers qui me disent après coup « qu'ils auraient dû » ou bien « qu'ils auraient pu... ».

Toutefois, malgré ces prises de conscience, *a posteriori*, nombreux sont ceux qui ne modifient en rien leur pratique dans l'action ni leur stratégie motivationnelle à venir. « Le naturel revient au galop » me confiait récemment André, manager d'une équipe de 12 personnes.

Ces questionnements à retardement permettent aux managers de se plonger dans une mécanique de compréhension-réflexion. Une fois la réflexion digérée, il reste à la transformer en action, à oser…

Trop intellectualiser en management est culturellement très franco-français. Les Anglo-Saxons se positionnent plus dans l'action que dans la réflexion.

Vu-Entendu

Ainsi, je me souviens de Gilbert, manager de 40 personnes qui, à force de vouloir trop comprendre le pourquoi de la démotivation, à force d'essayer de comprendre (en intellectualisant à outrance) ce qu'il devait faire ou ne pas faire, ce qu'il devait dire ou ne pas dire, le comment il devait traduire ses émotions positives en restant « crédible », ou encore comment doser son émotion (comme si l'émotion véritable se dose avec un verre doseur…), resta dans l'immobilisme le plus complet.

La motivation et l'enthousiasme se vivent dans l'action

La motivation vit dans l'action, l'enthousiasme se transmet rarement dans la réflexion. Se poser des questions est important, rechercher des réponses aussi ; seulement faites-le dans l'action, dans le mouvement.

La grille de lecture de l'analyse transactionnelle

Revenons sur cette grille de lecture de nos comportements que constitue l'Analyse Transactionnelle[7].

Selon les circonstances, chacun peut adopter ces différents « États du Moi ».

Un État du Moi se présente comme un ensemble de comportements associés.

Sur un plan comportemental, le décodage des États du Moi, ramené à la motivation, revêt une dimension particulièrement intéressante.

Éric Berne distingue trois États du Moi. Chacun de ces états comprend des aspects positifs ou négatifs.

État Parent : « Ce que j'ai appris ». L'état parent représente le système des valeurs. Comportements, pensées et sentiments ont tendance à être hérités du « passé », issus de figures « parentales » : parents, professeurs, managers… Ramené au management, les comportements des collaborateurs peuvent être pensés et les sentiments copiés sur ce que le manager a appris.

État Adulte : « Ce que j'ai expérimenté ». L'état adulte est comparable à un ordinateur : parce que dépouillé de toute émotion pour être dominé par la logique. Comportements, pensées et sentiments reposent sur un traitement réaliste de la situation rencontrée. L'appréciation de la réalité est objective. Ramené au management, l'état adulte renforce l'autonomie des collaborateurs et les amène à réagir aux situations avec toutes les ressources d'une « grande personne » ; toutefois l'émotion fait cruellement défaut.

État Enfant : « Ce que j'ai ressenti ». L'état enfant est le siège naturel des émotions et des désirs. Tendance à reproduire les comportements, pensées et sentiments issus directement de notre propre enfance. Ramené au management, il sera question de feeling, de sensibilité, de créativité chez le manager. En revanche, des faiblesses peuvent apparaître en termes de rigueur et d'organisation.

7. Lire à ce sujet : de Gysa. JAOUI, *Le triple moi*, éd. Robert Laffont.

Le fait d'être récompensé par une prime peut induire des réactions bien différentes suivant les personnes :

État Parent : « La dernière fois j'avais eu plus, non ? » ou « Ah, c'est mieux que la dernière fois ».

État Adulte : « Comment la prime a-t-elle été calculée au juste ? » ou « Quels sont les critères pris en compte ? »

État Enfant : « Ça fait pas lourd... » ou « Chouette, je vais m'acheter telle ou telle chose ».

Sur un autre plan, un changement d'habitude du manager quant au choix de ses signes de reconnaissance peut induire des réactions bien différentes suivant les collaborateurs. Ainsi, une poignée de main, un sourire et un compliment peuvent être interprétés, décodés de plusieurs façons :

État Parent : « J'imagine que les objectifs de demain seront encore plus difficiles à atteindre ? », « Pourquoi ce sourire, qu'est-ce que ça peut cacher ? » ou « Ça fait longtemps que j'ai appris à me méfier de ses compliments ».

État Adulte : « Merci pour ces compliments, quels seront les futurs objectifs ? »

État Enfant : « Merci, ça me fait plaisir, je suis content(e) » ou « J'ai eu du mal, mais ça en valait la peine » ou encore, « De toute façon, je n'avais pas le choix ».

Vous-même êtes plus ou moins longtemps et naturellement stabilisé dans un état plus que dans un autre. Cette stabilisation varie en fonction des circonstances et de votre appréciation du moment ; appréciation fondée sur votre histoire de vie, (parcours, expériences, éducation...). Ce formatage personnel existe et conditionne les signes de reconnaissance que vous adressez à celles et ceux qui vous entourent.

Ces signes de reconnaissance, ces *strokes*, peuvent donc être classés selon leur genre. Ils sont :

- Verbaux ou non verbaux ;

- Positifs ou négatifs ;

- Conditionnels ou inconditionnels.

L'échange de strokes

Dans son livre *Des scénarios et des hommes*[8], Claude Steiner a décrit cinq façons de les utiliser :

DONNER des informations, des feed-back, des signes de reconnaissance.

ACCEPTER : savoir recevoir un compliment et une remontrance et prendre ceux-ci en considération pour se nourrir et évoluer.

DEMANDER : comment son travail est reçu, comment on est perçu, ce qui peut être amélioré.

SE DONNER : savoir s'apprécier soi-même et s'accepter tel qu'on est.

REFUSER : de recevoir ou de donner lorsque la situation nous semble fausse et que ni soi-même ni l'autre n'apprécient l'échange.

La reconnaissance, au travers de ces différents signes, se véhicule donc par des mots, des gestes et des regards.

Il peut sembler difficile pour une personne de prendre du recul face à ses comportements, adaptés ou non en fonction des situations rencontrées.

---

8. Claude STEINER, *Des scénarios et des hommes*, éd. EPI.

L'auto-questionnement pour un manager qui, de surcroît, pris dans l'action, a « la tête dans le guidon » n'est pas aisé à réaliser.

Le choix des signes de reconnaissance émis par un manager est aussi affaire de personnalité, de tempérament.

Auto-questionnement

Êtes-vous un manager « extraverti » qui montre et partage facilement ses émotions ou êtes-vous plutôt un manager « introverti » qui montre peu ce qu'il ressent et masque ses émotions ?

. . . .

Les réponses à ces questions sont importantes. Elles conditionnent d'une certaine manière la reconduction de scénarios de réussite ou d'échec pour vous-même, en tant que manager, et surtout pour vos collaborateurs.

Changement de scénario

Par scénario, nous entendons cheminement qui « va nous conduire à ». Ce scénario prend la forme d'un plan (plus ou moins conscient). Il peut s'agir dans l'entreprise d'atteindre un objectif. Logiquement, un scénario positif vise à obtenir un bénéfice.

Le scénario résulte souvent d'une décision qui est renforcée en grande partie par ce que l'on nous a appris. Souvent, notre scénario est inconscient et nous contournons parfois la réalité pour le justifier.

Nous avons tendance malgré nous à tourner en boucles sur nos scénarios, à les revivre et à en recueillir par là-même les signes de reconnaissance habituels : « Je le savais… on n'aurait pas dû… ».

Une partie importante de la peur du changement et de la crainte de la nouveauté provient de cette boucle : « On a toujours fait comme ça, et ça a toujours marché, pourquoi faire autrement ? ».

Nous définissons donc nos scénarios de vie, personnels et professionnels, selon des fréquences variables.

Il appartient au manager de susciter des scénarios positifs

Il appartient donc logiquement au management de faire en sorte que les équipes se stabilisent dans des scénarios positifs. Dans le cas contraire (situation de répétition d'échec, par exemple.), il est vital au management de changer le plus rapidement possible les scénarios des autres, le plus souvent, en changeant le sien...

Comment réagiriez-vous à ces différentes situations ? Imaginez que votre travail quotidien soit considérablement modifié en 24 heures. Imaginez que votre équipe habituelle disparaisse au profit d'une autre en un claquement de doigt. Imaginez que votre bureau ait été déplacé en une nuit...

Ces scénarios sont liés étroitement à vos croyances, à vos sentiments de certitude sur la signification d'une chose ou d'un événement.

Il appartient au manager de redéfinir son scénario personnel, avant d'imaginer changer celui des autres

Si dans votre scénario de manager, vous croyez être à la tête d'une équipe d'incapables, vous le validerez probablement par les faits. Vous mesurerez effectivement qu'ils sont incapables.

Si l'objectif qu'on vous demande d'atteindre vous paraît inatteignable, votre équipe ne l'atteindra pas et vous n'en serez d'ailleurs pas surpris...

Si votre scénario sur l'unique levier motivationnel concerne les incitations financières, vous serez sûr et certain que votre équipe ne marche qu'à la carotte.

Si votre scénario pour faire avancer les gens réside dans le maniement du bâton, vous serez sûr qu'ils ont besoin d'un coup de pied au derrière pour avancer… « D'ailleurs, dès que j'ai le dos tourné, les résultats baissent » me confiait Roger, directeur d'une plateforme logistique.

Un changement de scénario qui vise une amélioration des performances ne dépend que du management en place.

Il appartient donc au manager soit :
- de faire échouer son équipe par la reconduite de scénarios antérieurs négatifs. Refaire ce qui n'a pas marché en espérant que ça marche équivaut à ancrer puissamment une stratégie d'échec. Il en résulte d'ailleurs un sentiment de non surprise si l'objectif n'est pas atteint ;
- Soit de réagir de façon différente en osant accomplir quelque chose de nouveau avec son équipe, en se représentant différemment ce qu'on a l'habitude de faire et de vivre. Inclure tout collaborateur dans une stratégie de réussite provoque un sentiment de joie lorsque l'objectif est atteint.

Si « tous les chemins mènent à Rome », pourquoi prendre toujours le même ?

Je me souviens de la citation d'Alexis, formateur : « Ce n'est pas en perfectionnant la bougie qu'on a inventé l'électricité » : quelle superbe invitation au changement de scénario !

Les ressentis positifs ou négatifs de vos collaborateurs, au sujet d'une situation vécue ou à venir, sont ainsi directement conditionnés par votre propre scénario de manager co-responsable de la réussite ou de l'échec de vos collaborateurs.

Façonner de nouveaux scénarios pour soi-même et pour les autres, c'est grandir en tant que manager, c'est changer pour un certain épanouissement, c'est rechercher la piste de l'autonomie et de la responsabilisation de ceux qui vous entourent.

Le changement de scénario, élément important de la motivation, s'effectue à partir de l'État Enfant. Elle appartient à la catégorie dite de l'Enfant Libre, partie spontanée de nous-mêmes, où l'on ressent et exprime librement ses émotions.

L'Enfant Libre est simple, authentique, autonome et créatif. Il est chaleureux, joueur, sensuel et motivé, tout cela sans inhibition, ni censure.

Motiver vos collaborateurs, c'est vous adresser à leur Enfant Libre. La reconnaissance, c'est avant tout pour l'Enfant Libre une affaire de spontanéité (l'élan du cœur) et de simplicité (l'art d'être naturel). Chercher à vous adresser à l'enfant qui sommeille en chacun de nous, vous mettra sur la voie de la réussite (celle des autres et donc la vôtre).

Souvenirs

Deux souvenirs de rendez-vous manqué avec l'enthousiasme et la motivation me viennent à l'esprit.

Le premier : À l'époque formateur interne en entreprise, j'intervenais dans des centres d'appels qui réceptionnaient principalement des appels venant de « clients satisfaits » passant des commandes et de « clients mécontents » faisant des réclamations.

Chaque appel donnait lieu à une proposition commerciale. Les télé-conseiller(e)s avaient pour mission de vendre par téléphone un article en plus, de partager une opportunité commerciale : en l'occurrence, l'offre en question était un aspirateur.

À l'issue d'une formation commerciale adéquate renforcée par un management terrain très positif, chaque télé-conseiller(e) atteignit vite et dépassa les objectifs signifiés dans un climat enthousiasmant.

Au bout de 5 jours, le nombre de pièces vendues était réellement incroyable. Arriva, au bout d'une semaine, « la reconnaissance du Directeur des Services Clientèles » de l'époque, sous la forme d'une note transmise via l'intranet. Apparaissait dans cette note deux lignes : le nombre d'articles vendus à ce jour, suivi du nombre de pièces en stock (message purement cerveau gauche) avec en guise de signature un « Record battu, record à battre ». Dès la diffusion de cette note, l'enthousiasme chuta en même temps que la courbe des ventes. Nombreuses étaient les personnes qui s'attendaient à autre chose. Nombreux furent celles et ceux déçus par ce message qui ne s'adressait pas au cœur mais uniquement à la raison.

Second souvenir dans la même entreprise… L'encadrement était convié en fin d'année aux vœux du PDG. Celui-ci, nouvellement nommé, en profita pour partager sa vision du devenir de l'entreprise, ses perspectives.

Ce qui étonna grandement le public fut sa remarquable incongruence : ce qu'il disait ne correspondait pas du tout avec ce qu'il reflétait. C'était un peu comme s'il disait oui, en faisant non avec la tête. Arriva la conclusion de cette prise de parole soporifique. Ce PDG partit dans une parabole sur l'art et la manière de « fêter et de reconnaître les réussites ». Seulement, il était triste, un brin coincé et son émotion laissait place à un ressenti de stress mal géré.

Résultats perçus à l'issue de cette prestation : « Pas terrible le PDG… donne pas envie qu'on le suive… ben dis donc, c'est pas son jour… ce n'est pas un bon communiquant… ».

Les issues scénariques de ces deux souvenirs ne furent pas positives pour l'entreprise. Elles ne déclenchèrent pas du tout d'envies fortes individuelles et collectives de réussite. Au contraire, les croyances du style « on ne sait pas où on va mais on y va » se multiplièrent.

La nécessaire proximité dans l'action

La reconnaissance passe par la proximité dans l'action

Être capable de donner des signes de reconnaissance dans l'action est un élément clé, connu et mis en œuvre par tout manager enthousiaste et motivateur.

Lorsque vous faites quelque chose de bien, vous appréciez qu'on vous le dise en direct, dans l'action. « C'est bien ce que tu fais » fait mille fois plus plaisir que : « C'était bien ce que tu avais fait il y a 15 jours ».

Comme le dit l'adage « Loin des yeux, loin du cœur », l'émotion intacte, c'est l'émotion vécue dans l'instant présent.

Qui n'a pas un jour contemplé un paysage grandiose, et ne l'a pas filmé à l'aide d'un camescope, et n'a pas constaté que la cassette vidéo ne recrée jamais le ressenti magique du moment passé dans l'environnement réel ? Lorsque l'image s'affiche sur l'écran, l'émotion se réduit au format de l'écran...

La motivation suit le même chemin. L'enthousiasme aussi. Une félicitation écrite fait plaisir lorsqu'on la reçoit. Alors que quelques mots, une poignée de main, un sourire, un regard brillant déclencheront réellement l'enthousiasme.

Vous souvenez-vous plus du diplôme lui-même (un parchemin format A4) que de la remise du diplôme avec les félicitations d'un jury ?

Méfions-nous de cette tendance actuelle, dans des entreprises de plus en plus nombreuses, qui consiste à féliciter à distance (*via* intranet ou téléphone).

Ces moyens de communication ne peuvent en aucun cas supplanter le contact visuel et physique. La motivation, l'émotion et l'enthousiasme apprécient la « grandeur réelle ».

Apprendre à surprendre les collaborateurs

Apprendre à surprendre positivement ses collaborateurs dans l'action, fait partie de ces habiletés, que certains managers semblent avoir en eux plus naturellement que d'autres. Nombreux sont les exemples, issus de l'éducation ou du monde du sport, qui nous font une flagrante démonstration positive de l'impact des bienfaits de la reconnaissance à chaud, dans l'action.

Imaginez un père qui, voyant son fils faire ses premiers pas vers lui, lèverait à peine la tête de son journal et lui chuchoterait une heure après un « c'est bien, continue comme ça... ». Que penserait l'enfant ? Une telle attitude lui donnerait-elle envie de risquer à nouveau de faire ses premiers pas vers quelqu'un qui n'est pas prêt à le recevoir ?

La constitution de nouveaux réflexes positifs s'effectue dans l'action, à chaud

Que penser d'un entraîneur qui dirait peu de choses sur les résultats et les efforts déployés lors d'un match, et qui donnerait ses conseils deux jours après ?

À chaud, les souvenirs sont encore en tête : souvenir des gestes, ressentis physiques, etc.

Recueillir, pour n'importe quel manager, ce sentiment lié au bonheur de faire progresser les autres dans l'action est une des sources de l'enthousiasme.

Plus vous serez proche de la réussite de vos collaborateurs, plus vous leur donnerez envie de réussir à nouveau

Savoir ensuite partager les émotions de la réussite est une clé majeure de la motivation.

L'égoïsme de la réussite confine le manager à penser et vivre petitement. Ramener à soi par exemple la réussite d'une équipe est l'apanage des « petits managers ». Ces « petits managers » vivent souvent dans la peur de ne pas exister au regard de leurs supérieurs.

Le sentiment d'appartenance

Un déclencheur étonnant et magique existe. Je l'ai rencontré plusieurs fois. Son fonctionnement est on ne peut plus simple : plus les collaborateurs sont reconnus positivement dans l'action, plus ils auront tendance à renforcer un sentiment d'appartenance à l'entreprise, une fierté « d'être dans ».

Ce sentiment d'appartenance peut prendre plusieurs formes. Ainsi, nous trouvons des gens fiers d'appartenir à une entreprise parce que leur entreprise réalise des produits de haute technologie (valeurs technologiques), œuvre pour l'environnement (valeurs écologiques), réalise des actions sociales (valeurs éthiques), bénéficie de supports médiatiques importants, etc.

Il est toujours motivant de se sentir comme quelqu'un qui œuvre pour ce « quelque chose en plus », qui prend un sens particulier dans la société en général. Ce sentiment d'appartenance crée souvent une cohésion forte dans l'entreprise, renforçant ainsi l'action de chacun vers un but précis.

Le sentiment d'appartenance est quelque part tribal. La mesure de ce sentiment est perceptible par la réponse que donne le collaborateur à l'extérieur de l'entreprise à la question suivante : « Que faites-vous dans la vie ? ».

Le sentiment de fierté d'appartenir à telle ou telle société ou tel ou tel groupe peut s'apprécier à sa juste valeur grâce à la réponse à cette question. Peut-on imaginer quelqu'un, travaillant sur un projet important et passionnant répondre à cette question, de façon plate : « Bof... je bosse chez... ».

La passion pour ce que l'on fait, additionnée à l'importance qu'on lui donne, renforce le sentiment d'appartenance et donc par voie de conséquence, la motivation.

Le sentiment d'appartenance est une émotion cultivée dans l'action

Or, ce tandem passion et importance est transmis essentiellement par le management.

Cette émotion, cultivée dans l'action, repose en grande partie sur la qualité de la communication (interne et externe) de l'entreprise en direction de ses salariés et de la société en général.

Une entreprise existe par le regard des autres sur son activité, ses produits, ses services. Une entreprise dotée d'un « sens » précis donné à l'action de chacun, fabrique plus naturellement qu'une autre le sentiment d'appartenance, la fierté.

Récemment, quelqu'un me disait la chose suivante : « Il est plus difficile d'instaurer un sentiment d'appartenance lorsque les sites et les hommes sont distants les uns des autres. » Lorsque les différents sites sont effectivement éclatés géographiquement, il appartient au management de bouger, de « se déplacer » géographiquement ainsi que d'apprendre à mieux gérer son temps.

Reconnaître l'action des collaborateurs « répartis à droite et à gauche » peut bien entendu poser des problèmes d'organisation. Charge, dès lors, l'entreprise, confrontée à cette configuration, d'avoir dans ses ressources humaines des managers énergiques, plutôt mobiles et forcément motivateurs.

Lever le frein de la perte de sens

Pris dans le quotidien et les habitudes (voire la routine), de nombreux acteurs opérationnels perdent de vue le sens de leur action. Ils ne perçoivent plus par exemple qu'au bout de la chaîne de production, il y a un client. Cette perte de sens des acteurs opérationnels est un phénomène malheureusement répandu dans de très nombreuses entreprises.

À terme, cette perte de sens conduit inévitablement à l'endormissement des compétences et des talents des collaborateurs. Le niveau des performances de l'entreprise s'en ressent directement.

Il appartient au manager d'être, pour reprendre les mots de Vincent Lenhardt (*les responsables porteurs de sens éd. INSEP*), un « porteur de sens » ; doublé selon moi, d'un apporteur de plaisir.

Vu-Entendu

Récemment encore, Philippe, directeur de production, me faisait partager sa préoccupation quant à la perte de sens.

« Nous cherchions à fédérer nos employés autour de démarches structurées qui apportent de la nouveauté. J'avais imaginé la Qualité comme vecteur pour cela. Chacun a donc été sensibilisé à la Qualité et je dois reconnaître que la motivation de chacun autour de la Qualité n'est pas à la hauteur de mes espérances. Je suis déçu, j'ai la nette impression que les participants ont amalgamé amélioration de la qualité avec augmentation de la productivité… »

À force d'être dans un quotidien productiviste, les participants n'ont pas su « relever la tête du guidon », et n'ont pas su modifier leur représentation et trouver un sens différent à leur travail.

L'essentiel du travail d'un manager consiste à donner du sens à l'action

Donner du sens à une action est capital pour motiver. L'essentiel du travail d'un manager est de donner du sens à une action, à un geste professionnel, à des compétences déployées. Reconnaître les collaborateurs dans l'action, c'est pour un manager, leur donner des signes qui contribuent chemin faisant à les orienter dans « le sens ».

Si un collaborateur ne comprend pas fondamentalement le sens de son action, le « pourquoi j'agis », s'il ne ressent pas son action comme sensée et conséquente, chaque jour qui passe va le rétrécir. Chaque jour qui passe diminuera sa motivation. Pire encore, ses compétences s'effriteront, son plaisir s'effacera et il attendra la retraite en comptant les années, les mois, les semaines et les jours.

Le schéma mental auquel se réfère le manager influe sur le cours des événements

Les entreprises fortes qui avancent et réussissent ont en commun d'avoir une vision et de la partager avec l'ensemble des collaborateurs. Ces entreprises avancent généralement plus vite que la concurrence, aidées en cela par le schéma mental de leurs dirigeants.

Chaque manager agit comme relais de cette vision en devenant « porteur de sens ».

Appelé souvent dans les écrits académiques « paradigme », ce schéma régit les actions humaines et influe directement sur la vie de l'entreprise.

Paradigme > représentation > vision > sens

Souvent d'ailleurs pour certaines entreprises, la publicité réalisée pour tel ou tel produit, s'adosse directement à la vision du ou des dirigeants de l'entreprise.

L'entreprise laisse ainsi apparaître au travers d'accroches publicitaires le sens qu'elle donne à son devenir.

Vu-Entendu

J'ai connu ainsi une entreprise dont le PDG de l'époque, personnage charismatique, créatif et médiatique, avait su partager sa vision du devenir de l'entreprise avec l'ensemble de ses salariés.

Chaque collaborateur pouvait ainsi attribuer un sens particulier à son action. De nombreux salariés étaient devenus ainsi fiers de travailler dans cette entreprise, avec à sa tête ce personnage « porteur de sens » et novateur.

Ce dirigeant avait réussi en quelques mois à redresser une situation délicate, tout en rajeunissant l'image de marque de cette entreprise vieillissante.

Ce PDG a décidé un jour de quitter l'entreprise, de continuer son aventure ailleurs, pour un autre groupe. Son remplaçant de l'époque n'est pas parvenu à redonner en interne une vision dynamisante, insuffler des représentations passionnantes, redonner du sens tout simplement.

Le PDG sortant savait s'adresser au cœur de ses milliers de collaborateurs. Derrière un management classique par objectif, il savait naturellement donner du sens, motivant ainsi toute action. Le remplaçant s'adressait quant à lui beaucoup plus à la raison et fondait l'orientation des actions sur un plan strictement gestionnaire.

Lever le frein du territoire et du pouvoir

Le péril de la routine

Lorsque les ressources humaines d'une entreprise se sclérosent, se figent dans des mécaniques routinières, lorsqu'on a l'impression que quoi qu'il arrive, il y aura toujours des clients, lorsqu'on s'imagine être les meilleurs dans son domaine depuis des années (et on ne voit pas pourquoi ça changerait...), lorsqu'on croit que ses compétences sont toujours d'actualité, il y a péril pour l'entreprise.

La routine et les habitudes empilées font naître, dans toute organisation, des territoires et des jeux de pouvoir

Le terme médiéval de territoire nous ramène au temps de la première étape de l'éducation : le besoin de survivre qui motive l'apprentissage des guerriers.

Lorsque les comportements se figent dans l'environnement, que le mobilier ou la décoration rappelle à chacun une histoire particulière, se constituent dès lors des territoires « bénéfiques » ou « maléfiques », virtuels ou physiques.

Ces territoires sont créés car ils font partie des espaces de vie, des référentiels des individus dans l'entreprise. À ces différents environnements, des personnes associeront des souvenirs agréables ou désagréables.

Vu-Entendu

Entendu dans une pêcherie industrielle : « Depuis longtemps, vous savez, c'est comme ça, du temps de monsieur x ou de madame y, c'était déjà comme ça, alors vous savez, ça ne changera plus maintenant... »

Vécu dans une société de vente à distance au moment de débuter un entretien : « Vous pouvez prendre ce siège... Oui, celui-là, il a une histoire vous savez, c'était le siège de l'ancienne responsable qui est partie en retraite. Personne n'ose s'asseoir dessus parce qu'il a des accoudoirs et que les autres n'en ont pas... »

Vu dans une entreprise parisienne : « Dans ces salles (vides) personne n'y va, c'était l'ancien appartement du directeur, vous comprenez. Enfin vous, comme vous êtes nouveau, vous pouvez y aller... »

Entendu dans un centre d'appels : « Ce n'est pas le moment d'aller voir notre responsable ; il travaille dos à la fenêtre, ce n'est pas son jour... »

Un changement d'environnement entraîne un changement de comportement

Ces territoires peuvent donc être physiques, comme c'est le cas dans ces exemples, ou cognitifs. « J'occupe un territoire » par mes connaissances, parce que « je sais » et ce que « je sais » n'a par exemple jamais été écrit.

Ces territoires cognitifs sont courants chez les personnes clés : s'ils disparaissent, le monde s'arrête (exemple de certains ingénieurs ou de certains informaticiens qui ne laissent aucune trace écrite concernant des programmations).

Ces notions de territoires physiques ou non s'apparentent à des « assurances vies professionnelles » : « Puisque je sais, je ne serai jamais licencié… ». « Je deviens (mentalement) indispensable à l'organisation… ».

Ces territoires favorisent en outre l'installation et la duplication d'habitudes qui ne manquent pas de susciter souvent la surprise et l'incompréhension chez tout nouveau recruté.

À ces notions de territoires s'ajoutent rapidement des enjeux de pouvoir.

Territoire > pouvoir > possession

La boucle infernale est bouclée. Nous pouvons imaginer qu'elle correspond à un schéma mental (cette fois-ci négatif) d'un collaborateur ou d'un manager.

Émerge ainsi au stade de la possession, chez certains managers, la tendance à s'approprier les résultats d'une équipe lorsqu'ils sont bons. *A contrario*, ces mêmes managers, en situation de démotivation d'équipe et donc de baisse de performances auront la fâcheuse tendance à se désolidariser de leurs collaborateurs.

Lorsque le sens est compris de tous, chacun se responsabilise face aux événements et tend à réduire ces notions de territoire et de pouvoir. Le sens rend chacun plus « adulte » dans son travail et souvent plus « enfant » dans sa motivation.

Processus collectif et générosité

Toute entreprise forme logiquement un processus collectif. L'organisation crée des sous-ensembles interdépendants les uns par rapport aux autres (divisions, unités, départements, services…). Ces différents sous-ensembles qui constituent physiquement les espaces de vie professionnels sont le plus souvent représentés graphiquement sous la forme d'organigrammes.

Les organigrammes ont une influence directe sur le sentiment d'appartenance des salariés concernés. Toute personne doit donc avoir à l'esprit qu'elle travaille avant tout dans un processus collectif (l'entreprise) avant de penser à sa réalité quotidienne, son sous-ensemble (son service, son département, ses collègues…).

Les territoires physiques et cognitifs doivent être nécessairement partagés. Un tel partage crée automatiquement une dynamique, un mouvement, un courant porteur d'air frais dans les esprits.

Si vous restez toute la journée sur une même chaise, vous vous engourdirez inévitablement. Vous sentirez des fourmillements vous envahir. Cela vous poussera à agir, à vous lever, à marcher.

La motivation, elle aussi, déteste l'immobilisme. L'enthousiasme, c'est la vie avec sa cohorte d'actions et de surprises. Si vous restez seul avec vos certitudes de manager dans votre donjon, jour après jour, vous vous appauvrirez, vous vous recroquevillerez, vous vous limiterez. Cette limite que vous vous imposerez fera de votre espace de vie professionnel l'endroit le plus important pour vous dans le système entreprise. Du moins, vous le croirez. Ce faisant, vous vous limiterez dans vos représentations tout en limitant celles de vos collaborateurs.

Apprendre à partager est une nécessité vitale pour l'entreprise. Par partage, j'entends donner sans pour autant recevoir immédiatement en retour quelque chose. Cet apprentissage du partage n'est pas toujours aisé à mettre en place au quotidien. Il induit pourtant une donnée fondamentale dans les rapports humains : la réciprocité.

Si en tant que manager, je donne, un jour je recevrai.

Vu-Entendu

Comment faire travailler ensemble d'anciens managers « faits maison » qui possèdent la connaissance des systèmes existants, les arcanes du métier, avec de jeunes managers fraîchement diplômés qui savent théoriquement plus de choses mais ne les ont pas encore mises en pratique ?

Dans cette entreprise, il appartient aux anciens managers d'accompagner la montée en puissance des nouveaux. Mais les plus jeunes ont eu un tableau des anciens (brossé par les recruteurs) désastreux.

Les forces en présence s'observent. Avec des questions et des craintes. Certains anciens considèrent qu'ils forment indirectement leurs remplaçants, donc qu'ils se mettent indirectement en péril. Les plus jeunes se confortent quant à eux dans les représentations qui leur ont été transmises au sujet des anciens.

Déjà des regroupements s'effectuent. Certains anciens commencent à replier les ponts-levis, à s'isoler dans leur donjon, des plus jeunes fabriquent des armes… les uns et les autres se posent des peaux de banane.

Qui fera le premier pas ? Qui osera dire chez les nouveaux comme chez les plus anciens qu'il ne sait pas tout sur tout ? Qu'il a envie de partager ? d'avancer avec l'autre ? Qui prendra le risque d'oser dire simplement les choses ?

N'importe quel manager qui s'installe dans ses certitudes jour après jour perd des points de bonheur, fait chuter sans même s'en rendre compte le baromètre de la motivation (la sienne et celle des autres).

En contrepartie, il ne fait qu'augmenter la hauteur de son donjon (son territoire), la taille de son étendard (son égo) et l'épaisseur de la porte de son château (sa faible écoute des autres).

Ce triste manager finira professionnellement ses jours seul dans ses certitudes, entouré de collaborateurs dévitalisés qui attendront le jour de son départ pour vivre peut-être quelque chose de différent, de meilleur.

Le féodalisme cognitif des managers est dangereux. Un manager a le droit de dire qu'il ne connaît pas tout. Il a le droit de demander « comment ça marche ? », les savoirs et savoir-faire évoluent à des rythmes accélérés.

Les écoles elles-mêmes ne peuvent que très difficilement suivre cette tendance. Nous devrons apprendre en permanence durant notre vie. Nos certitudes de totale connaissance/maîtrise d'un domaine s'effondrent. Les bastions cognitifs vacillent sur leurs fondations.

La crédibilité à tout prix

Dans l'absolu, le manager doit un jour avoir fait les choses lui-même avant de signifier aux autres de les faire… Connaître un métier, en l'ayant pratiqué soi-même, permet effectivement de « savoir de quoi on parle ». Savoir et surtout savoir-faire paraissent donc comme éminemment importants pour tout manager.

Une croyance forte est naturellement née : le fait de savoir et savoir faire assure une certaine légitimité au manager en situation. Le manager qui connaît, qui sait faire, qui maîtrise se retrouve donc en situation de pouvoir faire faire aux autres…

Ainsi le manager devient l'exemple à suivre. Cette exemplarité du manager est portée d'ailleurs comme une valeur susceptible d'induire reconnaissance et respect de la part des managés vis-à-vis de leur manager.

Lorsqu'un manager est exemplaire, cela signifie souvent qu'il fait lui-même une action (parfois symbolique) devant ses collaborateurs. Charge à lui de toujours veiller à être à jour, « à la page » dans ses connaissances et ses gestes professionnels au risque d'être estampillé *has been*. À la vitesse où avancent certaines technologies, cette quête d'être toujours à jour est loin d'être évidente.

Un manager est d'autre part légitimé dans sa fonction par rapport à son parcours de vie professionnel, ses performances, sa maîtrise d'un métier.

Dans bon nombre d'entreprises, nous trouvons donc la formule suivante : $C = E + L$, autrement dit la crédibilité d'un manager en poste résulte de l'exemplarité dont il fait preuve en situation, ajoutée à la légitimité qui est la sienne pour occuper la fonction.

Rechercher la crédibilité (donc un certain respect) représente un défi quotidien difficile à gérer pour le manager lui-même.

Combien de managers ai-je entendu dire à leurs équipes qu'il fallait être positif alors qu'eux-mêmes ne l'étaient pas dans les faits ?

J'ai croisé beaucoup de managers riches en savoir-faire et pauvres en savoir-être. Ces managers le plus souvent avaient en commun deux choses : un manque de recul (« la tête dans le guidon ») et une difficulté certaine à motiver, à donner envie.

J'ai rencontré à l'inverse des managers pauvres en savoir-faire, mais extrêmement riches en savoir-être, capables de motiver et de transmettre leur enthousiasme avec brio (sans toujours s'en rendre compte d'ailleurs).

Mais il existe bien sûr des managers riches en savoir, savoir-faire et savoir-être. Ils représentent une catégorie rare, précieuse car dotée plus que d'autres d'une certaine capacité de leadership favorisant le courant porteur de la motivation dans l'action.

La quête excessive de la crédibilité pour un manager par un surdosage d'exemplarité et de légitimité peut conduire des collaborateurs à ne pas donner le meilleur d'eux-mêmes, à limiter le déploiement de certaines compétences (créativité en sourdine et mise en sommeil de bons réflexes relationnels).

Le manager peut dès lors devenir, pour ses collaborateurs, non pas un modèle d'excellence, mais plutôt celui que l'on ne pourra jamais dépasser : donc un modèle frustrant.

L'élève qui dépasse le maître est pourtant tellement motivant pour tous. L'exemple du sport nous le démontre souvent.

Le management par l'entraînement

Comme le soulignent Éric Albert et Jean-Luc Emery : « Le manager, comme tout le monde, a commencé sa vie professionnelle en apprenant une expertise. Puis, progressivement, il est devenu manager. C'est-à-dire que la tâche principale de son métier a consisté à faire faire plutôt que de faire lui-même. Pour véritablement devenir manager, il doit renoncer à s'appuyer sur son expertise. L'expertise, il doit la trouver chez ses collaborateurs. »

Le manager n'agit plus uniquement comme une image d'Épinal, censée représenter des valeurs traditionnellement fortes, comme l'exemplarité et la légitimité mais plutôt comme un révélateur, un incitateur offrant la possibilité de « travailler autrement » en transformant certaines habitudes donc certaines représentations.

« Au lieu de motiver, mettez-vous donc à coacher »[9]

Ainsi, en essayant d'obtenir de meilleures performances, le manager révélateur, incitateur, indiquera à ses collaborateurs notamment par la voie du coaching comment aller puiser en eux-mêmes un certain nombre de ressources, de solutions.

Entraîner ses collaborateurs à devenir meilleurs en les amenant à adopter par eux-mêmes des changements comportementaux est une approche fondamentale, que tout manager devrait avoir à l'esprit ; surtout dans les périodes de changements souvent imprévisibles que traversent de très nombreuses entreprises.

Suivant cette piste, le manager devient un manager-coach.

Quelles sont les habiletés clés du manager-coach ?

Le manager-coach est une personne qui accompagnera dans l'action ses collaborateurs à acquérir connaissances et moyens d'action dans l'unique but d'atteindre des objectifs communs.

La tâche principale du manager-coach consistera, en aidant ses collaborateurs, à cerner leurs forces actuelles et potentielles, à les faire jaillir, à les unifier puis à les concentrer dans la perspective unique et positive de la réussite.

L'entraînement des collaborateurs collectivement et/ou individuellement repose directement sur les capacités relationnelles du manager-coach. Les compétences liées au savoir-être

---

9. Éric ALBERT & Jean-Luc EMERY, *Au lieu de motiver, mettez-vous donc à coacher*, Éditions d'Organisation.

prennent donc une place particulièrement importante dans cet aspect de l'entraînement.

Un manager doit s'attendre de plus en plus à développer ou à acquérir des talents de conseiller-formateur.

Aujourd'hui, dans n'importe quelle entreprise, les collaborateurs doivent être sûrs et certains qu'ils vont acquérir et développer de nouvelles compétences dans le poste qu'ils occupent.

S'ils ne bénéficient pas de cet apport en compétences, s'ils ont la nette impression d'être dans une entreprise « égoïste » sur le plan des compétences, inévitablement un jour ou l'autre ils partiront. Et ce sera, comme par hasard, le jour où l'entreprise aura le plus besoin de mobiliser ses ressources humaines.

Cet entraînement passe donc par la nécessité de former et de conseiller le plus souvent possible. Cela renforce la proximité du manager avec son équipe, et ce, dans l'action.

Les habiletés du manager-coach

Le manager-coach est plus sensible qu'un autre manager à l'élévation parallèle des performances et des compétences.

Ce manager-coach doit donc posséder, acquérir quatre habiletés clés :

La première est destinée à résoudre les problèmes (capacité d'écoute),

La seconde, à aider ses collaborateurs à améliorer leur performance en améliorant leur compétence (capacité pédagogique),

La troisième, à faciliter les changements (capacité à oser, à donner envie) et enfin,

La quatrième, à motiver durablement (capacité à prendre du plaisir et à le partager dans l'action).

Ces quatre habiletés gravitent en permanence pour le manager-coach autour de ses compétences relationnelles et comportementales (d'où l'importance accordée au savoir-être).

Ces quatre habiletés ne fonctionneront toutefois pas s'il manque un élément. Cet élément est le vecteur de déplacement (relationnel et comportemental) entre manager et managé : il s'agit de l'enthousiasme véhiculé par l'énergie du manager.

Le management par la complémentarité et le partage

C = E + L revêt un sens particulier lorsqu'on y incorpore le savoir-être du manager en situation.

S'enfermer dans ces seules valeurs d'exemplarité et de légitimité, peut très rapidement confiner le manager à perdre de vue l'angle relationnel et la communication avec son équipe. En outre, le manager risque à tout moment de glisser sur « la peau de banane du défi » de la part de l'un de ses collaborateurs. « Puisque tu sais, fais-le… montre-nous… ».

La légitimité et l'exemplarité sont plus souvent synonymes de rigidité dans les faits que d'agilités comportementales de la part d'une grande majorité de managers.

Il appartient donc au management dans l'entreprise de rendre plus efficace le tandem hommes/compétences, de faire en sorte que chacun puisse exprimer ses compétences (savoir, savoir-faire et savoir-être), en ressentant des émotions positives dans l'action (plaisir, bonheur, joie).

Le manager sachant motiver est le garant de l'instauration d'un environnement positif, propice au plaisir dans l'action, à la joie de réussir.

Au manager appartient donc l'art et la manière de transformer un quotidien routinier, répétitif, banal en une nouvelle journée remplie de moments simples et positifs.

Cela ne s'apprend malheureusement dans aucune école...

Manager, c'est effectivement partager. Partager connaissances, expériences et surprises. C'est aussi jouer la transparence. Oser dire : « Je ne sais pas tout et je ne sais pas tout faire ».

Vu-Entendu

Je me souviens avoir entendu un jour dans une entreprise un chef d'atelier dire à l'un de ses collaborateurs : « Ce que tu as fait m'a surpris, je n'aurais sûrement pas réparé cette pièce aussi rapidement que toi. Montre-moi, que j'apprenne... ».

Le savoir devient le capital de l'entreprise. Le manager doit aussi apprendre à importer et exporter les compétences dans son équipe pour lui et vers chaque membre constituant son équipe.

Le manager doit apprendre à surfer sur ces flux de savoir détenus par l'équipe toute entière.

Tout manager ne devrait plus s'imaginer une seule seconde qu'il a ou qu'il doit nécessairement avoir « réponse à tout ». Donner envie de partager est une idée pilote pour importer de la nouveauté et insuffler la motivation dans une équipe, un service ou un département.

Les réunions de la réussite

J'avais mis en place dans un service commercial « les réunions de la réussite ». Des commerciaux qui avaient obtenu des résultats intéressants présentaient aux autres l'histoire de leur succès.

Ces scénarios simples offraient à tous les participants autant de pistes nouvelles destinées à réussir, à oser, à agir différemment. Une seule contrainte : n'étaient abordées lors de ces réunions que des actions positives. Les problèmes restaient devant la porte, seules rentraient les solutions pour accéder au succès.

Distribuer sa connaissance et prendre une partie de celle des autres, faire en sorte que chacun grandisse, favorise un élan d'adhésion collective aux objectifs signifiés.

Distribuer son énergie est une preuve de générosité

Les managers, qui par tous les moyens, cherchent à asseoir leur territoire et leur pouvoir comme d'anciens managers/seigneurs ont toutes les chances de finir seuls dans le donjon de leur égoïsme professionnel et personnel. Ils n'attireront pas les talents et donneront envie à leurs collaborateurs d'aller voir ailleurs...

Lever le frein de la peur du lendemain

L'être humain est souvent préoccupé par le futur. Nombreuses sont les personnes qui, instinctivement, cherchent par tous les moyens à deviner de quoi demain sera fait.

Cette représentation du futur donne l'impression que le futur existe déjà. Que l'avenir est tracé, une donnée déjà inscrite dans le temps. Immuable.

Dans de nombreux conflits sociaux, nous entendons souvent, lorsque malheureusement surviennent des plans sociaux : « La direction le savait... depuis longtemps... évidemment... ».

L'appréciation individuelle du futur conduit des personnes à se rendre un beau jour chez les « voyants » de l'entreprise ; certains iront consulter le manager extralucide qui rassure ou le syndicaliste qui sent venir la tourmente...

Chacun à sa manière pré-fabriquera donc sa propre motivation, celle de composer avec le lendemain (agilité face aux évènements à venir) ou sa propre démotivation, celle de vivre dans la peur et la suspicion (immobilisme face aux événements qui de toute façon arriveront).

En nous demandant « de quoi demain sera fait ? », nous nous projetons sur une trajectoire soit positive (« demain il fera jour ») soit négative (« j'ai peur de vivre ou de revivre ce que j'ai déjà vécu »). Ces trajectoires prennent alors souvent inconsciemment la forme d'un scénario qui influencera nos comportements.

Ce questionnement instinctif et normal permet de se préparer et de se projeter dans ce lendemain. C'est un peu comme lorsque vous écoutez un bulletin météorologique pour imaginer comment vous vous habillerez.

La perception du lendemain conditionnera donc les individus et les organisations vers une réaction. Certains seront donc plus inquiets que d'autres, auront peur par manque de visibilité. Ils ne verront pas bien vers quoi et où ils vont (*cf.* la perte de sens).

Vu-Entendu

Comme le disait un Directeur des Ressources Humaines d'un groupe pétrolier, « En management, nous décollons souvent dans le brouillard pour atterrir souvent dans le brouillard. »

D'autres, plus optimistes, se diront que « ça ira mieux demain » et rebondiront sur les événements avec l'agilité d'un écureuil.

Rarement sur le terrain professionnel, nous trouvons des collaborateurs capables d'envisager le futur comme une situation que l'on peut orienter et construire. Chacun se dit dans l'entreprise que l'orientation du lendemain vient obligatoirement du management situé toujours au-dessus de soi.

Partant de là, de nombreuses personnes dans des centaines d'entreprises se disent que leur futur professionnel leur échappe complètement. Et si, par le plus grand des malheurs, arrive le jour d'un licenciement, « ce ne sera pas de ma faute ».

Chacun est maître de sa trajectoire

L'air du temps se caractérise dans l'entreprise par une augmentation monumentale de la compétition, doublée d'une mondialisation galopante.

Le futur devient imprévisible

Ces caractéristiques favorisent ainsi par exemple de nombreuses délocalisations génératrices de changements rapides et souvent conséquents sur le plan humain.

Le climat d'incertitude actuel dans lequel évoluent de nombreuses organisations semble favoriser l'installation de l'immobilisme et de l'attentisme auprès des collaborateurs. Cela peut sembler paradoxal puisque c'est dans ces moments d'incertitude que chacun se doit d'agir en vue d'établir le futur, son futur.

Chaque jour, de nombreux signaux nous indiquent que rien n'est et ne sera plus comme avant : les entreprises qui dégagent des bénéfices confortables licencient, les recentrages de certains groupes sur leur cœur de métier cohabitent avec des entreprises qui cherchent par tous les moyens à élargir leurs secteurs d'activités, la nouvelle économie a bousculé de nombreux modèles économiques, de nombreuses start-up ont été valorisées en bourse de façon inconsidérée sur des bénéfices à venir plus qu'hypothétiques.

Cette époque incertaine contribue à instaurer un climat d'insécurité autour de l'emploi. Cette insécurité lancinante et rampante s'accélère lorsque les repères, que des générations avaient patiemment construits, s'effondrent comme des constructions usées par la routine et le temps.

Il en va ainsi des systèmes de valeurs. La valeur « travail », le sens même du travail prend, en ce début de XXIe siècle, un sens tout particulier.

Les représentations et les valeurs changent

Demandez à un jeune de 18 ans ses représentations à ce sujet, vous serez surpris. Que pense un jeune diplômé de son devenir et de son avenir lorsqu'il imagine qu'il changera 4, 5, 6 fois d'employeurs, de villes ou de pays dans sa vie ?

Les valeurs liées à la famille et au loisir ont le vent en poupe. Les habitudes changent, y compris nos manières de prendre nos congés. Partir plus souvent et moins longtemps est dans l'air du temps.

Des signes avant-coureurs de changements de représentations autour du travail sont perceptibles. Ces recentrages liés à notre époque doivent être nécessairement intégrés dans les approches motivationnelles des entreprises.

Travailler plus souvent et moins longtemps, être rémunéré pour un résultat plus qu'au temps passé, avoir plusieurs employeurs en temps partagé, se mettre à son compte, vivre l'indépendance au vert, à la campagne ne relèvent plus de scénarios irraisonnés. Beaucoup le font et le vivent quotidiennement avec bonheur.

« La parabole du barrage »[10]

Pour reprendre la parabole du barrage de Paul Dewandre, certains professionnellement et personnellement choisissent de plonger dans la rivière, d'autres de rester dans l'eau du lac, prisonniers du barrage et de leurs habitudes de vie.

Dans cette époque étonnante que nous vivons, chacun est maître de sa trajectoire professionnelle (plus ou moins guidé en cela par des signes de reconnaissance qui agissent sur la motivation extrinsèque et intrinsèque).

Le manager motivateur doit constamment avoir en tête cette double trajectoire des motivations (intrinsèque et extrinsèque). Les primes distribuées ne font pas disparaître la démotivation. L'argent fait plaisir mais ne suffit pas en soi : le thème central de la chanson Le *blues du businessman* en fait l'écho.

Le sentiment d'insécurité quant à l'emploi (la peur de le perdre) s'apprécie de façon très différente suivant les personnes.

---

10. Paul DEWANDRE, *La parabole du barrage*, éd. LPM.

Ainsi, certains collaborateurs, en concentrant leur énergie, deviendront plus « agiles », pro-actifs face à ce sentiment. D'autres, étant moins acteurs, s'inscriront plus en victimes quoi qu'il arrive.

En devenant plus acteur, on devient moins victime

Ce sentiment d'insécurité peut être abordé de manières très différentes par le management. Il peut devenir vecteur de progrès et de dynamisation (appréciation positive sur « demain sera différent »). Il peut toutefois être interprété comme vecteur de craintes et d'incertitude (appréciation négative autour de « la peur du lendemain »).

Positiver l'incertitude fait partie du quotidien du manager. Cette capacité du manager à positiver l'incertitude pré-fabrique directement le scénario positif de l'avenir des collaborateurs. Ce scénario partagé auprès des équipes devient par la même occasion un élément fondamental structurant la perception du futur.

Les quatre temps du cycle de la motivation

Le rythme des saisons rythme la vie : printemps, été, automne, hiver. Il en va ainsi du cycle de vie d'un produit : naissance, croissance, innovation, maturité.

Il en va de même pour le cycle de vie de la motivation qui se joue aussi à quatre temps : stimuli, focalisation, action, satisfaction.

Seulement voilà, nous entendons souvent « qu'il n'y a plus de saisons… ». Tout au moins, les saisons ne se placent plus dans les curseurs temporels habituels. Les saisons glissent, été pluvieux, automne chaud, printemps froid et hiver tiède ; « le temps se détraque… ».

Et les médias sont focalisés sur les coups de vents, les mini tornades, les orages dévastateurs et du même coup font naître dans l'opinion des sentiments de peur *via* la diffusion de leurs sujets à la télévision. Ainsi, dès qu'un coup de vent arrive, beaucoup de gens craignent de revivre la tempête de 1999 ou de vivre ce qu'ils ont vu à l'écran…

Car les médias recherchent par définition à attirer le spectateur par des sujets qui retiendront son attention, qui agiront sur ses émotions.

L'être humain est ainsi fait qu'il retient plus souvent ce qui est négatif que ce qui est positif. 1 % des faits constitue 99 % des opinions[11].

La théorie des dominos

Souvent, un malheur n'arrive jamais seul. C'est la théorie des dominos.

Souvenez-vous des licenciements en 2001 chez Danone, puis chez Marks & Spencer, puis chez Philips, puis chez Moulinex, puis chez…

Regarder les informations à ce moment-là vous incite progressivement à avoir peur pour vous, pour votre emploi, pour vos proches.

L'enthousiasme et la motivation passent par un cheminement inverse : « Les trains qui arrivent à l'heure sont les plus beaux trains ». Les résultats obtenus, même s'ils sont attendus et prévisibles, méritent une attention particulière.

Les émotions simples à recueillir au quotidien sont les plus intéressantes à vivre et à partager pour tout manager. C'est à partir de petites choses compilées quotidiennement que l'on

---

11. Mario BONDANINI, *Conte de fées pour manager*, Éditions d'Organisation.

peut s'endormir en imaginant un lendemain forcément différent, donc plus passionnant.

La crainte du lendemain est associée à la peur de perdre des avantages, de perdre certains privilèges, de perdre ses repères matériels. La démotivation survient lorsque cette peur devenue paralysante gèle vos émotions positives, les endort, les anesthésie.

« Au lieu de chercher la faute, cherchez le remède » disait Henry Ford ; seulement trouver le remède nécessite d'accomplir une action, d'agir, de bouger, à l'opposé donc de la démobilisation constituée par la démotivation.

Le risque de causer sa propre démotivation

La motivation et l'enthousiasme sont les antidotes de l'immobilisme et de « l'amnésie sélective. »

« L'amnésie sélective » nous amène à effectuer un tri arbitraire dans nos souvenirs. Nous ressortons du passé uniquement ce qui nous arrange en fonction de la situation. Ainsi, nous oublierons les bons moments au profit des plus mauvais.

Un manager oubliera par exemple qu'à une époque, son équipe savait réaliser des prouesses et que maintenant, elle est devenue non performante. La focalisation excessive du manager sur ce qui ne marche pas aujourd'hui lui fait oublier les réussites d'hier.

« L'amnésie sélective » fait remonter rapidement et facilement à la surface les éléments destinés à reconduire un scénario d'échec. Cela est perceptible chez tout collaborateur qui, suite à un rendez-vous manqué avec la réussite s'exprime par un : « Je le savais... ».

Gare à l'amnésie sélective

Ressasser des événements du passé associés à un phénomène d'échec nous stabilise dans un certain « état » peuplé de croyances immobilisatrices : je ne crois plus en moi, je ne crois plus en mon équipe, je perds de vue le sens…

Entretenir ce type de représentations amène toutes sortes de prophéties négatives à se réaliser. Enclencher de puissantes stratégies d'échecs particulièrement démotivantes devient très facile.

Ces prophéties négatives auto-réalisatrices sont mortelles pour les entreprises. Lorsqu'elles proviennent du management, elles sont inacceptables.

Les prophéties négatives auto-réalisatrices

Anthony Robbins[12] illustre cela à sa manière dans l'anecdote de l'homme qui vendait des hot-dogs :

« Un jour, le fils universitaire du vendeur de hot-dogs lui dit : "Papa, tu ne sais pas que la récession arrive ! Plus personne ne t'achètera de hot-dogs. Réduis tes commandes et fais attention !" Persuadé que son fils dit la vérité, il diminue ses commandes et dépense moins pour sa publicité. Très rapidement, ses ventes dégringolent. Cet homme a donc fabriqué des événements qui allaient dans le sens de ses attentes. »

---

12. Anthony ROBBINS, *Pouvoir illimité*, éd. Robert Laffont.

Savoir appréhender l'imprévu avec des modes de pensée positifs

Il est nécessaire aujourd'hui, face à des lendemains inconnus, d'appréhender l'imprévu en faisant appel à des modes différents de pensée : plus positifs, plus créatifs, plus émotionnels.

Dans des contextes mouvants, il peut sembler étonnant de se fixer à tout prix des objectifs professionnels ou personnels positionnés sur une cible fixe.

Dans la réalité motivationnelle, il est nécessaire d'apprendre à viser des cibles en mouvement avec des collaborateurs eux aussi en mouvement.

L'atteinte d'un objectif peut, dans certains cas, s'apparenter à l'apprentissage de savoir tirer dans les coins. La bonne vieille ligne droite n'est plus toujours le chemin idéal.

CARPE DIEM : « Mets à profit le jour présent »

Les mots d'Horace vont dans cette direction. Motiver ses collaborateurs dans des situations de plus en plus ambiguës, surprenantes, incertaines voire chaotiques nécessite de la part du manager d'aller puiser au fond de lui-même de nouvelles et précieuses ressources.

Les entreprises agiles et performantes possèdent souvent cette capacité étonnante à tolérer l'ambiguïté environnante, en donnant envie à leurs collaborateurs d'accueillir des lendemains inconnus.

Inconnu ne signifie pas incertain. Tout manager devrait donc faciliter l'émergence de nouveaux modes de pensée auprès de ses collaborateurs, afin de transformer la peur du lendemain en une réelle opportunité à saisir.

De nouveaux territoires inconnus restent à découvrir

Il est donc important de s'entraîner à se méfier des signes extérieurs de stabilité que beaucoup d'entreprises cherchent toujours à mettre en avant ou à trop magnifier afin de répondre au besoin de sécurité.

Ce n'est pas parce que je suis ici, dans cette grande entreprise au carnet de commandes plein, que je ne « risque » rien. L'image d'une vie professionnelle réglée comme du papier à musique va devenir de moins en moins vraie. L'organisation offrant l'emploi à vie devient rare.

Une vie est normalement constituée de multiples saisons et après l'hiver arrive toujours le printemps. Maintenant, il appartient à chacun de choisir puis de régler son calendrier. Il est possible de vivre plus ou moins de fréquences estivales longues ou d'hivers courts dans son entreprise.

Je connais des gens qui vivent leur vie professionnelle comme la traversée d'un long hiver incontournable en pensant au printemps de leur retraite. Ces gens n'imaginent pas pouvoir agir sur leur propre baromètre, d'autant plus si le baromètre de leur manager est réglé comme le leur.

Le manager enthousiaste et motivant connaît mieux que d'autres le secret du mystérieux réglage du baromètre des saisons dans l'entreprise.

La performance d'une entreprise s'explique en grande partie par une lecture croisée des résultats obtenus, des compétences déployées et de la motivation présente. Ces trois aspects, reliés les uns aux autres, mettent en évidence les différents scénarios de réussites et/ou d'échecs présents dans une organisation.

Nous allons examiner dans la troisième partie comment le manager s'y prend pour entraîner par l'enthousiasme ses collaborateurs vers de nouvelles perspectives. Nous identifierons quel est le cadre le plus favorable à cette action destinée à favoriser la rencontre de la performance avec l'enthousiasme.

Partie 2
Entraîner
par l'enthousiasme

Chapitre 3

Trois axes pour entraîner les collaborateurs

La triangulation résultats, compétences, motivation

Nous allons nous appuyer sur la triangulation **résultats - compétences – motivation** afin d'expliquer le pourquoi des réussites ou des échecs d'une organisation. Au cœur de cette triangulation apparaîtra un élément indispensable au management, visant une élévation des niveaux de performance : l'enthousiasme.

Cette lecture triangulaire met en évidence trois axes majeurs qui donnent l'occasion aux managers de se positionner en fonction de leur perception d'une situation présente ou à venir.

Il est important de bien considérer ce triangle comme une figure où chacun des sommets est en relation directe avec les autres.

Le triangle de la motivation

Notons en particulier que cette figure triangulaire devient en trois dimensions un tétraèdre.

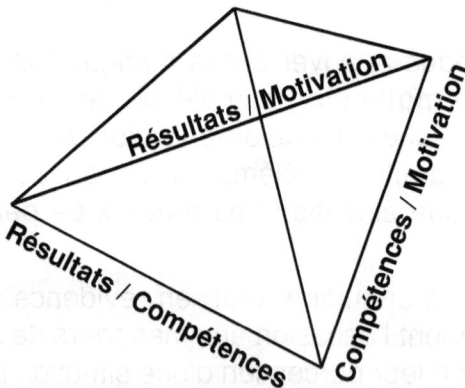

Le tétraèdre de la motivation

© Éditions d'Organisation

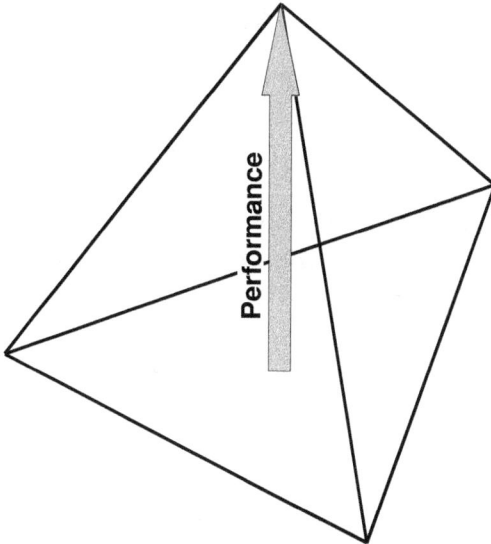

Le tétraèdre de la performance

Le sommet de ce tétraèdre plus ou moins élevé suivant l'entreprise concernée représente le niveau de performance.

Évaluer la performance nécessite donc de croiser les trois axes en mesurant des critères liés aux :

- **Résultats / Compétences**
- **Résultats / Motivation**
- **Motivation / Compétences**

Ainsi, nous pourrons trouver de petits tétraèdres plats ou au contraire très hauts. Certains auront une base étriquée ou présenteront des signes de fragilité sur telle ou telle arête, d'autres enfin seront de véritables « tétraèdres magiques », à la forme parfaite. Dans ces derniers, nous trouverons à coup sûr le management par l'enthousiasme.

L'axe résultats – compétences, incontournable mais insuffisant

Cet axe incontournable fait partie intégrante (logiquement) des axes de travail privilégiés d'une DRH : les compétences en place expliquent normalement le niveau des résultats obtenus et la corrélation entre résultats et compétences tombe sous le sens.

Dans une approche cartésienne, le sas magique de la formation

Régulièrement, des managers expliquent de mauvaises performances par des manques de formation ; manque de formation ne reflète pas toujours la réalité du terrain. Et nous assistons dans beaucoup d'entreprises à une partie de ping-pong entre le management et la formation. Si les résultats ne sont pas à la hauteur, les collaborateurs sont conviés à repasser dans le « sas magique » de la formation.

Soulignons aussi que cette attirance logique vers l'explication de la performance par cet axe résultats-compétences correspond à une configuration d'esprit très rationnelle et cartésienne : la mesure des résultats peut être corroborée par des grilles d'analyse de compétences attendues, dans le cadre d'une activité déterminée. Nous sommes donc résolument dans le monde de la mesure, du tableau de bord, des grilles de compétences et autres mapping divers et variés.

Selon cette représentation des choses, comprendre un échec résiderait donc dans le relevé factuel de « traces d'incompétence » d'un collaborateur occupant une fonction déterminée.

Face à cela, la baguette magique formation arrive. Cette réponse possible et parfois bien fondée existe dans certains cas incontournables : la formation initiale d'un nouveau collaborateur, la montée en puissance d'un « junior » dans l'entreprise, les changements ou évolutions de métiers affectant tel ou tel service, telle ou telle personne…

Il existe pourtant de nombreux autres cas (accentués en cela par l'époque et le mot changement) où la « simple » réponse formation n'est plus du tout appropriée. Dans ces cas, la compétence déployée par une personne occupant une fonction déterminée est mise en sommeil pour « x » raisons.

En creusant ces « x » raisons, l'élément que nous découvrons est la démotivation aux origines diverses. La réponse à apporter n'est alors plus du ressort de la formation mais relève plutôt du coaching. Le réveil des compétences dépend en effet plus du management que d'un formateur.

Et l'approche du Knowledge management

La gestion globale du savoir dans l'entreprise devient un élément majeur pour son devenir. La focalisation de nombreuses entreprises autour du « Knowledge management » est significative de l'importance donnée à cet axe résultats – compétences.

Ainsi sont échafaudées actuellement quantité de réflexions hyperlogiques et rationnelles autour du K.M. qui s'apparente fort aux démarches qualité. En démarrage d'actions, il y a sensibilisation autour de la Qualité. Il est ainsi demandé aux participants d'être créatifs en vue d'améliorer de façon dynamique un système. Puis arrive très vite l'enfermement dans des procédures diverses et variées, notamment informatiques (souvent pesantes).

Le cerveau gauche, encore une fois, prend rapidement le pas, limitant ainsi à nouveau la créativité et le plaisir.

Mais, vigilance pour les managers car participer à la cartographie, à l'établissement de nouvelles procédures ou à la constitution de livres de connaissances ne crée pas spécialement de courants enthousiasmants.

Un défi à relever ! Comprendre le plaisir des schémas de réussite individuels et collectifs

Trouver des passerelles entre le « Knowledge Management » et le bien étrange processus de l'enthousiasme et de la motivation est un exercice de haute voltige, cependant incontournable pour saisir des compétences rares, des habiletés, pour mieux comprendre les schémas de réussite individuels et collectifs.

L'enthousiasme et la motivation participent inévitablement à l'atteinte de résultats ainsi qu'au déploiement des compétences « qui font la différence », des habiletés individuelles qui font qu'un collaborateur prendra du plaisir dans son action.

Ainsi, comprendre le processus de l'enthousiasme et de la motivation est incontournable pour identifier les impacts positifs sur les compétences de la prise de plaisir dans l'action que ressentira un collaborateur.

Vouloir partager des habiletés professionnelles ou des talents individuels prend la forme d'un défi incroyablement compliqué à relever pour une DRH ; d'autant plus si cette DRH demeure figée dans une logique (cerveau gauche) de capitalisation/partage des connaissances de façon purement mécaniste.

Auto-questionnement

Raccordez-vous naturellement résultats et compétences ?

. . . .

Le faites-vous lorsque les objectifs sont atteints ou lorsque « rien ne va plus » ?

. . . .

Comment repérez-vous les habiletés individuelles ?

. . . .

Après repérage, qu'en faites-vous ?

. . . .

Comment recueillez-vous les besoins en formation de vos collaborateurs ?

. . . .

Êtes-vous pédagogue ?

. . . .

Quelles sont les passerelles entre votre DRH et vous ?

. . . .

L'axe résultats-motivation, celui du management

L'axe résultats-motivation devrait être par excellence l'axe du management. Cet axe capital est souvent appréhendé sous l'angle réducteur de la motivation extrinsèque.

Ainsi, de « nombreuses carottes » accompagnées de « nombreux bâtons » parsèment cet axe dans beaucoup d'organisations.

En poussant l'analyse de la motivation à sa plus simple dimension (l'extrinsèque), le collaborateur n'avance que si « on » le pousse ou si « on » le tire, voire « on » l'attire.

Percevoir la partie cachée de l'iceberg de la motivation

La face immergée de l'iceberg de la motivation, la dimension intrinsèque (responsable, rappelons-le, de plus d'un naufrage d'entreprises), est souvent absente.

Souvent absente car moins visible, moins palpable, moins cartographiable, donc moins maîtrisable. C'est pourtant celle qui sous-tend de nombreuses actions, fait avancer l'histoire et qui déclenche en grande partie l'enthousiasme.

Si vous n'êtes pas au clair avec ce qui vous fait bouger, au niveau intrinsèque, vous aurez un mal fou à ressentir et comprendre la motivation ou démotivation intrinsèque chez vos collaborateurs.

Cernez-vous, comprenez-vous en termes de motivation intrinsèque avant d'aller plus loin, avant d'essayer de comprendre la motivation intrinsèque de vos collaborateurs.

Invitation vous est donc faite : apprenez à plonger, à percevoir cette partie cachée de la motivation, la vôtre avant celle des autres.

Auto-questionnement

Qu'est-ce qui vous fait agir dans la vie ?

. . . .

Quels sont vos projets personnels ?

. . . .

Quel est votre « plan à cinq ans, à deux ans, à six mois » ?

. . . .

Quelle est votre définition du plaisir au travail ?

. . . .

Faire progresser les autres vous procure-t-il du plaisir ?

. . . .

Avez-vous déjà analysé la courbe de votre énergie déployée en une semaine ?

. . . .

Quel est votre dynamisme le lundi, le mercredi, le vendredi ?

. . . .

L'axe motivation-compétences, celui du manager motivateur

L'axe motivation-compétences est l'axe privilégié de l'entraîneur, du coach.

L'impact de la motivation dans l'acquisition ou l'amélioration de compétences est primordial. Car pour obtenir des résultats, pour réussir à atteindre un objectif, tout collaborateur doit comprendre ce qu'il fait, savoir le faire, croire en ce qu'il fait et surtout aimer ce qu'il fait.

Les signes de reconnaissance

Cet axe motivation-compétences est donc un axe sensible et fragile. L'existence et le maintien de cet axe au quotidien repose essentiellement sur la qualité et la fréquence des signes de reconnaissance émis par le manager vers son ou ses collaborateur(s).

Le cas des collaborateurs motivés et compétents

Être motivé et compétent ne signifie pas obligatoirement que le collaborateur soit nécessairement focalisé sur l'atteinte mesurable de résultats.

Si un manager transmet à un collaborateur motivé et compétent un relevé de résultats, ce ne sera que transmission d'un indice de performance arrêté à un instant « t ». Ce type d'élément factuel de reconnaissance ne surprendra pas réellement le collaborateur motivé et compétent qui a tendance, lui, à exceller naturellement dans son métier.

Autre contexte : système éducatif

Le système éducatif ne repose pas sur le plaisir d'apprendre en grandissant mais sur la nécessité d'obtenir des résultats pour réussir.

Les enfants représentent des sources d'inspiration intéressantes. En maternelle, puis en cours élémentaire. Ils sont au départ focalisés sur l'aspect ludique compris dans l'acquisition de connaissances indispensables : lire, écrire, compter.

Ces enfants capitalisent rapidement des compétences clés.

Ils « aspirent » les connaissances le plus souvent en jouant.

Puis, au fur et à mesure, durant le cursus scolaire, arrive le stylo rouge, la notation. Ainsi, certains enfants « poussés » en cela par le système éducatif et parental se focaliseront sur les notes. Avoir de bonnes notes à tout prix représentera l'Objectif ultime (et en passant, fera plaisir aux parents).

Moins nombreux, dès lors, seront les enfants qui continueront à jouer dans les classes supérieures. Le plaisir « d'aller et d'être à l'école » s'estompera au profit de celui « d'avoir de bonnes notes ».

C'est très souvent dans le besoin de perfection et d'accomplissement d'une mission que le collaborateur motivé et compétent aura tendance à cultiver son propre plaisir.

Vis-à-vis de ce type de collaborateur, le manager devra rechercher au maximum à :

- **l'accompagner dans l'action** (l'entraîner),
- **lui donner des signes de reconnaissance « minute »** (des signes de reconnaissance simples et transmis très souvent et de façons différentes),
- **lui faire un feed-back autour des compétences précieuses et positives** déployées dans son activité (le repérage des habiletés et des talents présents utilisés).

Lui annoncer qu'il est dans le peloton de tête d'une équipe, ne l'étonnera pas franchement.

Parfois même, l'affichage de résultats aura tendance à la longue à le gêner. D'ailleurs, l'atteinte de résultats, combinée à une dose personnelle de plaisir dans l'action, ne se mesure pas spécialement en termes de tableaux de bord ou d'outils statistiques.

Deux impératifs : être proche et disponible

Comprendre le bon geste d'un professionnel, capter la bonne démarche d'un conseiller, cerner les bons mots d'un vendeur passent pour le manager par la proximité de ses collaborateurs dans l'action. Il y a donc une double condition à remplir pour le manager motivateur : être proche et disponible.

Quelle est la valeur ajoutée (sur le plan motivationnel) d'un manager centré sur les tableaux de bord, s'il reconnaît trop tardivement les compétences déployées ? Strictement aucune !

Nous invitons donc les managers à sortir de leurs bureaux et par là-même à quitter leurs tableurs…

Ils deviendront, s'ils le veulent, de réels managers motivateurs. Ils en profiteront pour enrichir d'une certaine manière leur métier, en s'éloignant d'une activité réductrice : celle du management par le contrôle *a posteriori,* par la supervision.

Autre contexte

Un entraîneur d'une équipe de football ne dira jamais à l'issue d'un match : « Nous avons gagné parce que nous avons marqué des buts », c'est effectivement une évidence.

Au passage, dans certaines entreprises, cela pourtant s'entend : « Nous avons gagné de nouvelles parts de marché parce que nous avons atteint nos objectifs ».

« Pourquoi as-tu réussi à marquer ce but ? » serait une question grotesque venant d'un entraîneur.

« Comment t'y es-tu pris pour marquer ce but incroyable ? » prend un tout autre sens.

Les réussites ou les succès passagers doivent être reconnus, dans un timing le plus proche possible de l'action qui vient de s'accomplir.

Remarquons que l'utilisation de l'imparfait dans des entreprises est assez répandue dans les reconnaissances transmises. « Je tenais à vous féliciter pour ce que vous avez fait… » nous indique clairement :

1. Que l'action est passée, qu'elle apparaît donc dans « le rétroviseur de la Vie ».
2. Que le manager n'était vraisemblablement pas présent le jour en question. Il n'a fait que valider des résultats sur des bases de contrôles « après coup », en identifiant les tableaux de bord de performances.

Le manager contrôleur, souvent en retard sur les mécanismes de reconnaissance, utilise volontiers l'imparfait.

Le manager entraîneur, recherchant la logique d'accompagnement dans l'action, utilise instinctivement le présent.

Plus vous séparerez dans le temps un succès d'un signe de reconnaissance, plus vous affaiblirez l'impact émotionnel de ladite reconnaissance.

Des questions qui interpellent

Que dire d'une prime versée à un commercial 2 ou 3 mois après l'atteinte (voire le dépassement) d'un objectif ? Que penserait un sportif si le jour de son succès, quelqu'un lui disait qu'il recevra sa coupe dans 15 jours...

Proche des yeux, proche du cœur

L'axe motivation-compétences fonctionne sur la base du « proche des yeux, proche du cœur ». Trop de managers à différents niveaux sont, sans même s'en rendre compte, dans le fonctionnement inverse : « Loin des yeux, loin du cœur ».

L'articulation motivation-compétences trouve donc son origine avant tout dans l'expression positive du manager, de son émotion, traduite et ressentie positivement (donc partagée) avec ses collaborateurs.

L'expression positive trop « raisonnée » et mûrement réfléchie des signes de reconnaissance par le manager (donc plutôt à froid par rapport à une action) aura un moindre impact auprès des collaborateurs.

La dimension temps dans le tétraèdre de la performance

Il est effectivement difficile de partager une émotion par l'intermédiaire d'affichages de résultats, de classements et de tableaux de bord.

Le degré d'enthousiasme impacte le tétraèdre de la motivation et de la performance propre à chaque entreprise

Comme on l'a vu, chaque entreprise possède donc son propre tétraèdre.

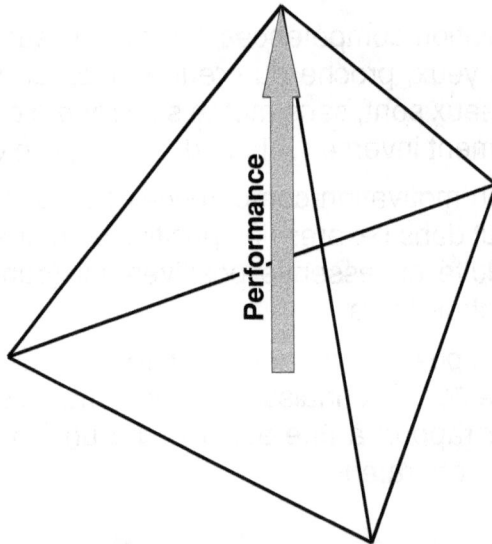

Le niveau de performance d'une organisation peut être compris par les interactions des trois axes que nous avons détaillées. Et l'enthousiasme est un courant porteur et transversal sur ces trois dimensions.

L'atteinte d'un niveau de performance s'explique en partie par le degré d'enthousiasme au sein du management. C'est l'enthousiasme au niveau du management qui explique que les collaborateurs ressentent l'entreprise comme motivante (car plus dynamisante) ou démotivante (car figée dans l'immobilisme et la routine).

L'enthousiasme fait donc figure de véhicule, d'ascenseur du dynamisme, facteur clé conduisant les organisations à réussir. Je n'ai jamais rencontré d'entreprises ou d'organisations qui réussissaient durablement, sans développer et sans maintenir cet enthousiasme facilitateur d'ascension.

La compréhension des déclenchements et du déploiement de l'enthousiasme dans l'entreprise, au travers de ces 3 axes, prend un sens particulier lorsqu'intervient le facteur temps.

Sur l'axe Résultats – Compétences, les compétences évoluent dans le temps

L'axe Résultats – Compétences représente l'élément le plus délicat à cerner dans la compréhension de l'influence du temps sur la performance.

Délicat, car les compétences évoluent inévitablement dans le temps. Les expériences façonnent des comportements (bons ou mauvais) et, d'une certaine façon, des habiletés (ainsi que parfois des maladresses) se constituent inconsciemment.

Ainsi, il arrive que des entreprises (et elles sont nombreuses) « gèlent » les compétences en place et ne prédisposent en aucune façon les collaborateurs à évoluer sur des plans professionnels et personnels.

Ces entreprises n'ont pas suffisamment compris que dans Ressources Humaines, il y a Ressources... et que ces Ressources, à l'image d'un bon vin, doivent se bonifier dans le temps et ne jamais s'immobiliser dans un environnement, une organisation qui ne permet pas cette bonification.

Deux scénarios

Les résultats et les compétences s'inscrivent dans des perceptions différentes du temps :

- Ainsi, les résultats passés correspondent à des compétences déployées hier. Ces compétences servent bien évidemment à expliquer en grande partie les résultats du présent.

- Se focaliser sur de nouveaux et futurs résultats conduit le management ainsi que les collaborateurs à créer de nouveaux scénarios. Ces nouveaux scénarios se scindent en deux catégories :

  - La première vise à agencer voire optimiser au mieux les compétences en place pour réussir (définition d'un scénario positif conscient : le collaborateur connaît son background compétences et détermine la ou les compétence(s) qu'il doit acquérir ou optimiser pour réussir).

  - La seconde quant à elle, vise à continuer à faire comme avant, en essayant d'accélérer un tant soit peu son ronronnement quotidien. Il s'agit dans ce cas de la définition d'un scénario négatif, plus inconscient. Le collaborateur considère que « ça a toujours fonctionné comme cela », alors « ça doit continuer ».

Entre ces deux catégories, la motivation et l'enthousiasme feront la différence sur l'envie de réussir et par là-même, l'envie d'enrichir ses compétences, l'envie d'apprendre.

Il est vital pour un manager d'entretenir cet axe Résultats – Compétences, en déclenchant chez lui, puis chez ses collaborateurs, un désir profond.

Sortir d'un état d'auto-hypnose professionnelle

Ce désir profond que tout manager doit cultiver quotidiennement réside dans l'envie de faire sortir le plus souvent possible ses collaborateurs d'une sortie d'état « d'auto-hypnose professionnelle ».

Plus un collaborateur répète ce qu'il fait, moins il a conscience de ce qu'il fait. Pour permettre aux collaborateurs de se sortir de cette situation, le management de proximité doit donner des signes de reconnaissance, doit donner envie de travailler autrement, en mobilisant consciemment les compétences en place.

« L'auto-hypnose professionnelle » crée l'endormissement des compétences, tue le plaisir en instituant la contrainte et enfin tue à coup sûr la créativité.

L'enthousiasme d'un manager, essentiellement par l'énergie perçue, devient une sortie d'hypnose professionnelle pour les collaborateurs. « La tête ressort du guidon ». Cet authentique réveille-matin des compétences fait l'effet d'un déclencheur, accélérateur d'apprentissage et dépoussiéreur d'habitudes.

Les résultats futurs de votre entreprise seront réalisés avec les compétences mises en œuvre aujourd'hui et recyclées dès demain de façon permanente.

L'axe Résultats – Motivation donne déjà matière à comprendre le présent.

Comprendre ce qui motive les collaborateurs pour atteindre des objectifs est important pour toute entreprise.

Imaginer le futur en termes de résultats et de motivation remplit le quotidien managerial de nombreuses questions.

La relation entre les résultats et la motivation est évidemment incontournable. Seulement l'écueil principal pour un manager est de n'envisager la compréhension de cet axe qu'à l'aide d'analyses simplistes remplies d'imagerie d'Épinal.

Nous en avons abordé certaines. « Un collaborateur incité par une prime obtient forcément des résultats car il est motivé ». « Un collaborateur qui a eu de bons résultats est plus motivé pour la suite… »

La compréhension de la motivation simpliste est l'apanage des entreprises qui limitent à une seule dimension de la motivation : la motivation extrinsèque.

Cet arbre de la motivation extrinsèque cache en fait une vaste forêt remplie de facteurs de reconnaissance divers et variés, très peu visitée par les managers, de peur de rencontrer un je-ne-sais quel loup…

Dans le temps, l'érosion de la motivation extrinsèque existe. Un seul arbre, on en fait vite le tour, même si le tronc est d'un diamètre important.

Des questions qui interpellent

Des questions se posent : pourquoi untel, cadre supérieur très bien payé, choisit de partir vivre une « aventure professionnelle » ailleurs en étant moins payé ? Dans le mot aventure se trouve probablement la solution. Pourquoi un collaborateur particulièrement doué qui connaît le métier de fond en comble et qui a obtenu d'excellents résultats à une époque n'en obtient plus maintenant ? Qu'est-ce qui explique que malgré des primes les salariés dépriment ? Pourquoi, malgré des mesures d'incitation (primes) fortes, il n'y a que 10 % des effectifs qui aient choisi de donner le meilleur d'eux-mêmes (alors que les compétences semblent en place) ?

Devant ces questions récurrentes, les managers « architectes opérationnels de la motivation extrinsèque » devraient quitter le tronc fatigué de l'arbre qu'ils connaissent et rentrer dans la forêt des autres signes de reconnaissance.

Comprendre la motivation, au-delà d'inclure les importants facteurs intrinsèques vus précédemment, c'est choisir de travailler avant tout sur le présent et le futur.

Trop nombreux sont les managers qui restent sur une visée rétroactive. « Nous avions fait cela, et ça avait marché » revêt un sens particulier dans l'archivage des réussites antérieures.

Se souvenir des succès passés comme affaires classées dans le rétroviseur

Un succès passé, c'est bien, une réussite antérieure, c'est bien. Seulement ces réussites et ces succès s'affichent dans le rétroviseur. Le management doit s'en souvenir en tant « qu'affaire classée ». Seuls doivent compter l'enthousiasme et la motivation d'aujourd'hui, concentrés vers les succès et réussites de demain.

Vu-Entendu

Fabrice, directeur de production me disait : « Nous avions, il y a 5 ans, des résultats fabuleux grâce à une équipe exceptionnelle. (Silence) Enfin, il est vrai que l'équipe est bien différente aujourd'hui... ». Autre temps, autre époque.

Depuis les travaux d'Abraham Maslow, nous savons tous qu'un besoin satisfait n'est plus motivant. Chacun redéfinit donc son courant motivationnel en fonction de ce qu'il se projette. Chacun relance une dynamique nouvelle, une dynamique motivationnelle qui lui est propre, une envie de...

Les facteurs extrinsèques sont perçus le plus souvent comme des déclencheurs externes, des stimulis. L'entreprise généralement gère massivement ces déclencheurs, en évitant la question des déclencheurs internes. Où se situe le plaisir dans le travail de

M. X ou Mme Y ? Est-ce vraiment ceci ou cela qui fera le plus plaisir à M. X ou Mme Y en termes de récompense ?

J'ai souvent été surpris de constater que c'étaient les petites choses très personnalisées qui faisaient le plus plaisir.

Ce sont les surprises... qui surprennent le plus

Motiver, c'est s'adresser à l'enfant qui sommeille en chacun de nous. La motivation se compose toujours en pensant à l'enfant.

Que vous soyez dirigeant d'une entreprise, directeur d'un département, chef d'atelier, responsable d'une équipe, apprenez avant tout à surprendre et recherchez ce qui fera le plus plaisir à chacun de vos collaborateurs.

La motivation se compose de façon « one to one ». Une marque d'attention, un signe de reconnaissance n'ont de réelle portée que s'ils sont authentiquement personnalisés, individualisés et sincères.

Méfiez-vous des systèmes de motivation piégeants (SMP), ils sont très répandus en France, terre de prédilection du besoin de prévoyance. Ils se reconnaissent à plusieurs signes. De façon anecdotique, en voici quelques-uns :

Les systèmes de motivation piégeants

9 h 15 : attroupement autour d'une machine à café. Après écoute et observation, le petit groupe est occupé à calculer (en faisant la moue) le montant escompté d'une prime attendue dans six mois...

Question posée à un directeur commercial lors d'une réunion d'échanges : « Est-ce que la prime exceptionnelle continuera à être versée comme c'est le cas maintenant ? »

Lors d'une réunion commerciale, arrive la reconnaissance des meilleurs : « Bof, j'ai encore gagné un voyage en Tunisie »...

> Récemment dans un site de production, un directeur me présente son mécanisme de distribution de récompenses : « Tout le monde ici a des primes (même celui ou celle qui ne devrait pas en avoir)… Comme cela, tout le monde est content… Seulement, j'ai eu trois démissions, en plus c'étaient d'excellents employés… »

Ces SMP, si vous les consommez, vous enfermeront un jour ou l'autre dans des contraintes (le plus souvent comptables d'ailleurs). Ils vous feront perdre de vue que les actions enthousiasmantes et motivantes ne se déclenchent pas comme des éléments de motivation extrinsèques, prévus et planifiés dans le temps.

Ce qui était motivant hier ne l'est plus obligatoirement aujourd'hui

Les actions enthousiasmantes et motivantes se partagent et se vivent tout simplement. Et vous, managers, vous êtes au cœur de ces actions, car vous en constituez l'origine.

L'énergie et le plaisir développés dans une activité quelle qu'elle soit requièrent toute votre attention. Ces éléments précieux sont fragiles et demandent à être entretenus par un management adapté et subtil.

Le dernier axe : Motivation – Compétences, est la porte d'entrée privilégiée visant à enrichir directement les pratiques manageriales existantes. Cet axe représente une fantastique ouverture pour l'enthousiasme dans l'entreprise. Le manager doit apprendre à bien saisir les formidables opportunités motivationnelles quotidiennes qui s'offrent à lui.

Motiver le plus directement possible ses collaborateurs nécessite de situer son management délibérément dans une logique d'action, au plus proche de ses collaborateurs. Tout manager doit rechercher au maximum ce mode de fonctionnement, ce renforcement de la proximité et de la reconnaissance des compétences mises en œuvre.

Opter pour l'action signifie choisir un mode de management situé volontairement dans le présent, ici et maintenant, plus que dans l'examen minutieux du passé.

Les expériences utiles qui ont servi à avancer sont importantes à capitaliser, mais il est souvent inutile et improductif pour un manager de les ressasser à la manière d'un « ancien combattant de la performance ».

Lorsque des collaborateurs avancent, rencontrent des difficultés et réussissent, il appartient au manager enthousiaste d'être présent en temps réel (ou en très léger différé) dans ces moments forts ; présence physique idéalement ou à distance par conférences téléphoniques.

Évite les simples messages écrits par email. La forme compte plus que le fond.

Un certain nombre de managers ont tendance à se réfugier derrière le fait qu'ils ne peuvent pas être partout en même temps. C'est parfois vrai, c'est parfois entièrement faux. Car un certain nombre d'entre eux préfèrent rechercher le confort de la ligne de départ (réflexion sur les objectifs dans leur bureau) et de la ligne d'arrivée (réflexion sur les résultats dans leur bureau) plutôt que l'éventuel « inconfort » de l'accompagnement dans l'action. « Inconfort » qui comprend régulièrement des zones d'improvisation pour le manager.

Il m'arrive aussi de croiser des managers qui me disent : « Je ne suis pas un expert au niveau des compétences, je suis un manager, pas un formateur. » À ceux-là, je réponds qu'il n'est pas trop tard pour optimiser à leur tour leurs compétences. S'ils ne débutent pas cette optimisation, ils vont se fragiliser inévitablement dans l'organisation de demain qui a d'ailleurs débuté aujourd'hui...

Aménagement du temps de travail, stress et motivation

Un dernier point important sur ce troisième axe concerne les aménagements liés à la réduction du temps de travail dans l'entreprise. Ces aménagements amènent déjà et amèneront de plus en plus les entreprises à améliorer de façon significative leur productivité : faire plus en moins de temps.

Il appartient aussi au manager d'augmenter sa productivité manageriale en termes de présence (proximité des collaborateurs dans l'action) et d'assistance motivationnelle (reconnaissance des collaborateurs dans l'action).

En effet, pour un grand nombre de collaborateurs, être moins présent dans l'entreprise, tout en maintenant évidemment (voire en augmentant) une productivité existante peut devenir vite générateur de courants stresseurs plus que de courants motivants.

L'enthousiasme dans le management apparaît, là encore, comme une passerelle essentielle dans la perception des collaborateurs quant au plaisir de travailler moins longtemps, tout en produisant autant, voire plus.

La contre-performance manageriale et motivationnelle se situerait, concernant ce troisième axe, dans des choix délibérément inverses : loin des collaborateurs et de l'action, confiné dans de colossales réflexions.

Le manager enthousiaste se nourrit totalement du temps présent

Dire à un collaborateur au pied de sa machine que la pièce qu'il vient de faire est superbe provoque une stimulation forte.

Exprimer sa satisfaction devant des délais tenus en montrant, gestes à l'appui, sa surprise restera en mémoire.

Partager l'émotion d'une réussite commerciale avec une équipe dans un environnement choisi ancrera l'événement en le rendant unique.

Certains managers ont déjà l'enthousiasme en eux. D'autres au contraire devront travailler sur eux-mêmes. Ce travail commencera par une approche sur la manière dont ils communiquent avec leurs collaborateurs.

Relire des expériences (bonnes ou mauvaises) vécues vous conduira à débuter une action corrective destinée à vous améliorer. Les changements significatifs et positifs s'effectueront ensuite dans le présent, dans l'action, en osant tout simplement communiquer différemment, en étant différent dans votre manière d'être et en vous focalisant avant tout sur les réussites de vos collaborateurs avant d'analyser finement leurs erreurs.

Oser et positiver

Les verbes oser et positiver sont les verbes directeurs qui vous conduiront à développer l'enthousiasme et à le transmettre autour de vous. Lorsqu'un manager a goûté à l'enthousiasme et ressenti les émotions liées au plaisir de faire réussir les autres et donc de réussir soi-même, la marche arrière est impensable.

À ce moment précis, la magie peut s'opérer : reconnaître les succès de ses collaborateurs dans l'action, en pointant du doigt les compétences mises en œuvre, devient en effet vite passionnant pour tous.

Chapitre 4

Donner envie par son enthousiasme naturel

Les personnes enthousiastes ont l'art et la manière de donner envie, envie d'agir, envie d'oser, envie de réussir.

Plusieurs questions viennent naturellement à l'esprit lorsque nous essayons de mieux comprendre l'enthousiasme : L'enthousiasme se développe-t-il naturellement ? Fait-il partie intégrante de certaines personnalités ? Comment devient-on enthousiaste ? Pourquoi telle ou telle personne est-elle régulièrement optimiste ? D'où provient cette énergie sous-jacente à l'enthousiasme qui permet dans certains cas de « déplacer des montagnes » ? Enfin, naît-on enthousiaste ?

Les managers enthousiastes ont la capacité à rendre simples les choses

Ces managers enthousiastes ont l'art et la manière de simplifier au maximum ce qui pourrait être compliqué.

Il en va ainsi pour ces managers enthousiastes qui savent rendre une action ardue réalisable simplement. Des projets grandioses n'auraient pu voir le jour sans managers de projets enthousiastes, capables de répandre autour d'eux une vision donnant un sens à une action.[13]

Des visions

Il en va ainsi de Gustave Eiffel construisant son « impossible tour », de Ferdinand de Lesseps reliant la Méditerranée à la mer Rouge ou J.-F.-Kennedy dans les années 60 concevant le projet insensé de « mettre un Américain sur la Lune avant 10 ans ». Projet qui nécessita l'effort conjugué de plus de 300 000 personnes sur plus d'une décennie[13].

Cette simplicité qu'ont les managers enthousiastes de fédérer autour d'eux se retrouve bien évidemment dans la manière dont ils communiquent et savent partager leurs émotions. C'est ici que se trouve le vecteur principal de la transmission de l'enthousiasme.

Cette capacité qu'ont les managers enthousiastes à communiquer en étant congruents traduit d'ailleurs fidèlement ce qui se passe dans leur cerveau.

Le manager enthousiaste établira une communication naturelle et partagera émotionnellement ce qu'il dit et ce qu'il pense. Il vit ce qu'il dit et crée des représentations mentales auprès des gens qui

---

13. Maurice HAMON, *Comment réussir des projets de changement*, éd. Nathan.

écoutent. En d'autres termes, cette personne y croit et développe instinctivement une capacité à convaincre, puis à persuader.

Le charisme de certains managers trouve sa source ici. D'une certaine façon, le non charisme de certains autres trouve ici partiellement son explication.

Il est important de souligner le côté transparent, naturel et positif des personnes enthousiastes. Elles ne jouent pas un rôle d'enthousiaste, elles sont tout simplement enthousiastes.

Les managers enthousiastes s'adaptent aux préférences cérébrales de leurs interlocuteurs

Doués en communication et sensibles aux émotions (les leurs et celles des autres), ces managers enthousiastes savent s'adapter aux préférences cérébrales de leurs interlocuteurs.

Ils savent mieux que d'autres présenter et traiter n'importe quelle information suivant les personnes à qui ils s'adressent. Ils donnent envie de participer, d'adhérer naturellement autour de leurs convictions.

Une partie du leadership en management provient de là.

Le professeur Csikzentmihalyi, psychologue de l'université de Chicago, a été l'un des tous premiers à étudier l'enthousiasme dans les années 80. Il en ressort notamment que la répétitivité d'une tâche agit comme un facteur soporifique sur l'enthousiasme et qu'*a contrario*, plus il y a de diversité, plus il y a d'enthousiasme. L'enthousiasme est nettement plus présent au niveau des postes qualifiés à responsabilité (management, ingénieurs et dirigeants) qu'au niveau des postes moins qualifiés (ouvriers, employés…).

Une partie des travaux du professeur Csikzentmihalyi ont alimenté les recherches de David Goleman autour du quotient émotionnel[14].

---

14. David GOLEMAN, *l'Intelligence émotionnelle*, éd. Robert Laffont.

Le paradoxe de l'activité cérébrale

Il existe un paradoxe neurologique maintenant connu et reconnu par de nombreux scientifiques : lorsque quelqu'un est absorbé par une tâche précise, qui nécessite une attention particulière, une concentration, l'énergie dépensée par le cerveau au travers de son niveau d'activité reste faible : plus nous sommes absorbés par une activité, moins notre cerveau s'active.

En revanche, plus nous nous ennuyons, lorsque nous nous situons par exemple dans une activité présentant peu d'intérêt, banale, répétitive, pesante, plus l'activité de notre cerveau s'accélère de façon diffuse et désordonnée.

Plus nous sommes inquiets, plus nous dépensons une forme d'énergie cérébrale… pour rien, si ce n'est pour nous représenter nos craintes et nos peurs.

L'enthousiasme permet au cerveau d'être efficace et rapide (créativité incluse). Une personne enthousiaste fait chuter son excitation corticale de façon radicale tout en pouvant travailler sur une tâche complexe et difficile.

La force de l'optimisme

L'optimisme est toujours lié à l'enthousiasme. Je n'ai personnellement jamais rencontré de managers enthousiastes pessimistes. L'enthousiasme et le pessimisme sont totalement incompatibles.

✐ Le sens des mots

Le mot **optimisme** vient du latin *optimus* qui signifie « le meilleur ». Donner le meilleur de soi-même, c'est donc logiquement être optimiste. L'inverse, le mot pessimisme, vient du latin *pessimus* et signifie quant à lui « très mauvais ».

Je ne connais pas d'entreprises progressant sur le chemin de la réussite qui soient pessimistes. J'en connais d'autres qui ne sont pas ou plus sur la piste de la réussite et qui sont devenues effectivement pessimistes.

Lorsqu'une organisation subit un revers, lorsqu'un individu essuie un échec, les optimistes ont toujours tendance à réagir en augmentant leur performance. Les pessimistes, eux, vont agir en diminuant leur performance.

L'optimisme accroît de façon tangible les performances des entreprises. De nombreuses études menées par le psychologue Martin Seligman (université de Pennsylvanie) l'attestent.

Les études de Martin Seligman
L'expérience Met-Life

La plus stupéfiante concerne la compagnie d'assurance Met-Life. Les conseillers de vente de cette entreprise, perçus comme optimistes, vendent la première année 29 % d'assurance de plus que les conseillers perçus comme pessimistes et 130 % de plus l'année suivante[15].

Certaines personnes par leur histoire de vie, leur éducation, leurs expériences, accumuleront des ressources, qui les amèneront plus « naturellement » que d'autres à relativiser des événements et à prendre « la vie du bon côté ». Ces personnes intrinsèquement optimistes auto-développent plus que d'autres des capacités émotionnelles favorisant les réactions positives. Le déroulement de scénarios positifs, de succès et de réussites en est facilité et accéléré.

---

15. Martin SELIGMAN, *Apprendre l'optimisme*, éd. InterEditions.

Espoir, agilité, réactivité : attitudes instinctives des optimistes

Les optimistes développent instinctivement des attitudes positives : en plus de l'optimisme, de l'espoir ainsi que l'efficacité personnelle déclenchée face aux défis de la vie, l'agilité et la réactivité.

L'espoir recèle un gisement motivationnel extrêmement puissant. En situation d'intense démobilisation ou démotivation, il est fréquent d'entendre : « ...On n'a plus d'espoir... » lors d'un plan social dans une entreprise par exemple.

Sans espoir, il ne peut y avoir de mouvement, c'est l'immobilisme qui triomphe. S'inscrire en victime d'une situation professionnelle est grandement facilité dans ce cas.

L'efficacité personnelle permet le déploiement ultra rapide, de compétences particulières, d'habiletés, de comportements particulièrement adaptés à la situation. L'efficacité personnelle enrichit automatiquement et considérablement l'efficacité professionnelle.

L'efficacité personnelle repose sur une conviction forte : celle que l'on maîtrise le cours de sa vie et que l'on est capable de composer avec les défis qui se présentent et se présenteront.

Le poids du pessimisme

Le pessimisme, quant à lui, arrive par de multiples portes. Pratiquement les mêmes que celles de la démotivation.

En recherchant le plus précisément possible à quel moment le pessimisme surgit dans une organisation, nous trouvons toujours un signal identique : une perte massive de l'optimisme du management.

Un management qui, pour de multiples raisons, « n'y croit plus » se questionne sur l'avenir et répand rapidement sans même s'en apercevoir un courant extrêmement négatif, très immobilisant à l'ensemble de l'entreprise. Un peu à l'image d'un virus que l'on ne saurait stopper.

Les managers doivent donc se prémunir face au pessimisme.

L'orientation positive

Réagir positivement face à des situations difficiles doit permettre au manager lui-même de s'orienter dans des directions dynamisantes et motivantes :

- **vers la réussite** (voir dans toute activité la progression plus que la stagnation ou le retrait).
- **vers un engagement fort** (visant à épouser le sens d'une démarche, la vision d'une entreprise, l'atteinte d'objectifs).
- **vers l'esprit d'initiative et l'optimisme** (vers l'accueil de la nouveauté et du changement plus que la peur, l'immobilisation et le pessimisme).

La volonté de réussir, d'y arriver, d'obtenir un résultat espéré, caractérise l'orientation dynamique d'une action. Elle se concrétise dans l'entreprise lorsque du côté du management certaines conditions sont remplies :

- **croire en soi et aux autres,**
- **être optimiste,**
- **s'impliquer massivement et personnellement dans l'action.**

Vouloir y arriver, croire en soi, en son équipe et s'orienter dans une action dynamisante, fabriqueront votre enthousiasme (perceptible dans vos attitudes).

Ces divers éléments sont par ailleurs nécessaires à l'élévation de l'axe Motivation-Compétences ainsi qu'au plaisir de voir et ressentir la réussite de vos collaborateurs.

L'état d'enthousiasme

Vous êtes-vous un jour posé cette question : l'enthousiasme est-il à l'origine de la réussite ou bien résulte-t-il de la réussite ?

L'enthousiasme configure l'envie d'obtenir, façonne la démarche d'aller vers la réussite et d'accueillir le succès. Une fois la réussite obtenue, l'enthousiasme renaît tel un balancier pour aller vers autre chose…

C'est une habitude à prendre (qui plus est attirante car elle nous permet d'économiser notre énergie cérébrale).

Vu-Entendu

Récemment, André, ouvrier métallurgiste, me disait : « Quand on est enthousiaste, on ne se prend pas la tête ». C'est vrai.

L'enthousiasme n'a jamais terrassé quelqu'un, au contraire : les entreprises habiles et agiles sur le terrain de la motivation, sachant développer de forts courants enthousiasmants, comptabilisent beaucoup moins d'arrêts maladie que les entreprises qui « se morfondent » sur l'avenir.

L'enthousiasme oriente naturellement vers l'action plus que la réflexion, vers l'action plus que « la prise de tête », pour reprendre les mots d'André.

L'état d'enthousiasme dynamise les organisations

Rien ne peut franchement stopper l'entreprise enthousiaste. Elle est capable de traverser des situations déséquilibrantes mieux que d'autres. Elle gagne en agilité et en réactivité. Le mot changement rime avec opportunité. L'échec sert à apprendre et à réussir autrement.

Être enthousiaste fait émerger des courants positifs autour de soi. Un manager enthousiaste possède en lui la faculté de s'émerveiller : s'émerveiller par ce que font et obtiennent les autres. Cette faculté qui se révèle dans le temps et se cultive sert aussi à éliminer le cynisme, le négativisme et le manque de motivation.

Les personnes enthousiastes apprécieront de contempler un coucher ou un lever de soleil, les non enthousiastes diront que cela se passe tous les jours... Les managers enthousiastes apprécieront de voir les compétences de leurs collaborateurs mises en œuvre et les succès individuels se dessiner, les non enthousiastes se diront que « ça fait partie du travail » et « qu'ils sont payés pour ça ».

L'état d'enthousiasme est reflété auprès des collaborateurs essentiellement par la voix et les gestes du manager. Attention toutefois : l'enthousiasme ne se manifeste pas forcément à coup d'exclamations, magnifiques accolades ou encore grandes tapes dans le dos. Cet aspect parfois caricatural de l'enthousiasme « à l'américaine », même s'il se rencontre dans certaines entreprises en France n'est pas toujours perçu comme représentatif d'un enthousiasme sincère et réel.

Le manager enthousiaste personnifie une forme d'énergie

Pour être véritablement efficace, le véritable enthousiasme d'un manager doit correspondre à sa personnalité. L'enthousiasme est aussi le reflet d'émotions positives et sincères.

Il est important de distinguer en management les situations d'enthousiasme vécues collectivement et les situations d'enthousiasme vécues individuellement.

Dans ces deux situations bien différentes, l'état d'enthousiasme sera perçu et vécu de façons très différentes. Ainsi, en situation collective (dynamique de groupe aidant), le manager enthousiaste présentera plus de signes extérieurs, de gestes d'ouvertures, d'extraversion, de sourires, alors qu'en situation individuelle, l'enthousiasme sera plus subtil, plus mesuré, passant beaucoup plus par le regard par exemple.

L'état d'enthousiasme pour un manager correspond bien à une palette d'états émotionnels distribués en rafale. Cet état déclenche de nombreuses stimulations auprès des collaborateurs ; stimulations transformables en actions. Nous verrons en détail l'étendue de cette palette dans le cycle du management par l'enthousiasme.

Enthousiasme et langage[16]

En plus de l'énergie qui facilite leur rayonnement et donne envie qu'on les écoute, les êtres enthousiastes possèdent des aptitudes particulières à la communication. Ils ont un talent rare et précieux : celui de transformer les représentations des

---

16. Dans les pages qui suivent, un certain nombre de termes sont employés dans le sens que leur donnent différents courants du développement personnel, notamment la PNL.

　　　　　　　　　　　　　　© Éditions d'Organisation

auditeurs en choisissant des mots, des expressions que je qualifie de magiques et de transformationnelles.

La magie des mots, le sens de la formule

Ainsi, une communication enthousiasmante ne se réduit pas uniquement à une discussion à base d'échanges plats, d'idées peu mises en valeur, mais consiste beaucoup plus en un échange de représentations, d'images, de métaphores.

L'art de la métaphore provoque des associations de façon inconsciente. L'enthousiasme d'un manager est décodé en priorité par notre cerveau droit, rempli de ressources, d'acquis, de réflexes sous-exploités professionnellement le plus souvent.

Langage digital et langage analogique

La sémantique et la cybernétique séparent le langage en deux familles. Nous trouvons une première famille : le langage digital. Ce langage est constitué d'idées, de comptes, de structures. Privilégiant un accès implacable à la logique, à l'aspect rationnel, ce langage est souvent celui choisi pour convaincre dans l'entreprise.

Le langage digital fait rarement rêver

Notre décodeur digital est renfermé dans notre cerveau gauche. Vous avez tous et vous vivrez tous encore de grandes et longues réunions fastidieuses que je qualifie de « réunions digitales », c'est-à-dire peuplées d'interminables présentations tristes avec aux commandes un orateur, au ton monocorde qui accompagne ce qu'il dit de transparents remplis de colonnes, de chiffres et de listes à puces.

Le langage digital, malgré son extrême précision, sa grande rigueur, modifie très peu les représentations d'une personne ou d'un groupe sur une situation donnée. La raison en est simple : comment peut-on modifier les représentations des gens qui nous écoutent puisqu'on ne s'adresse pas à la bonne partie du cerveau ?

Le langage digital fait rarement rêver, il pousse certes à la réflexion mais ne propulse pas, ne donne pas pour autant envie d'agir.

Bien que parfois nécessaire, le langage digital est insuffisant.

Le langage analogique fait naître l'enthousiasme

La seconde famille le langage analogique, s'associe plus naturellement à l'enthousiasme.

Recherchez un souvenir contenant une communication convaincante et dynamique. Vous vous apercevrez que vous ne serez pas capable de tout restituer en terme de contenu, mais vous vous souviendrez d'attitudes, de gestes, de comportements, d'intonations, de couleurs et de lieux.

Tous ces éléments font partie des aspects analogiques du langage et sont stockés dans votre cerveau droit.

Culturellement dans notre société, la famille digitale prend le pas sur la famille analogique : mode éducatif et tradition scolaire en sont principalement responsables.

Ainsi, dans l'entreprise, on préconise plus la démonstration que l'évocation, l'analyse que la synthèse ; les procédures cohabitent difficilement avec la créativité.

L'enthousiasme est véhiculé de façon diamétralement différente suivant que vous optez pour le langage digital ou le langage analogique.

Un bon communicant privilégie le langage analogique

Les managers enthousiastes parlent souvent en illustrant, « c'est comme si... », en trouvant des accroches, des formules, des slogans. Devenir un manager enthousiaste, c'est nécessairement être (ou devenir) un bon communicant privilégiant le langage analogique au langage digital.

L'impact de l'enthousiasme sur la mémoire

La mémorisation des expériences vécues est capitale pour évoluer. Nous avons tous fait l'expérience d'avoir résolu un problème après avoir mémorisé efficacement la manière dont on avait corrigé l'erreur.

L'impact sur la mémoire des émotions positives vécues lors d'une journée pousse n'importe quel collaborateur à développer naturellement plus de plaisir dans son action, à devenir optimiste et donc potentiellement créatif.

A contrario, un management trop étouffant (forte supervision), vécu comme du contrôle d'activités, a tendance à impacter négativement la mémorisation des expériences vécues.

Omniprésence dans les scénarios à enthousiasme de la mémorisation du positif, l'ancrage du plaisir dans l'action

La sensation d'un management superviseur (excès de contrôle) freine l'arrivée de courants enthousiasmants.

Les critiques répétitives d'un manager sur des résultats décevants seront mémorisées comme des marques de reconnaissance d'évaluation négatives.

Enfin, la pression du temps crée aussi des impacts plus ou moins profonds sur la mémorisation. Prenons le cas du lancement d'un projet dans une entreprise : le point positif réside initialement dans la notion de dates limites, lors de la planification d'objectifs au sein de l'équipe projet.

Cette pression initiale est même motivante en démarrage de projet. Arrive ensuite l'appréhension du retard, les dates limites deviennent vite des dates paniques. Il n'est pas rare dès lors d'entendre certains acteurs du projet se demander pourquoi ils se sont « embarqués là-dedans » en oubliant qu'au début, ils étaient partants et motivés par ce projet.

Une personne qui a tendance à développer plus qu'une autre des attitudes positives face aux événements crée instinctivement des connections positives en termes de mémorisation.

Les lois biologiques de la mémoire[17] font apparaître trois niveaux de perception et de mémorisation.

Les trois mémoires

La mémoire dite ultra-courte. Ultra-courte parce qu'elle est le résultat d'une excitation électro-chimique des cellules cérébrales par des perceptions qui s'échappent extrêmement rapidement dans un temps moyen de 15 secondes. Elle permet de saisir le plaisir de l'instant présent dans l'instant.

La mémoire dite à court terme s'explique par la persistance d'une activité nerveuse dans nos mystérieux circuits internes. Elle est stimulée par des sons, des images, des pensées. Certains chercheurs disent qu'elle forme un type « dynamique de mémoire » : une espèce de mémoire vive.

17. Dominique CHALVIN, *Utiliser tout son cerveau*, éd. E.S.F.

Cette mémoire à court terme dure en moyenne 20 minutes. 20 minutes durant lesquelles nos capteurs sensoriels aspirent des millions d'informations. Certaines se stockeront plus que d'autres et alimenteront en partie la troisième mémoire. D'autres s'effaceront.

Les félicitations d'un manager vers l'un de ses collaborateurs formatent d'une certaine façon cette mémoire. L'inverse existe : les remontrances d'un manager impacteront négativement d'une autre façon cette « mémoire dynamique ».

Il est important de comprendre en quoi l'enthousiasme compose avec ces mémoires : *l'ultra-courte* et celle *à court terme*.

Être au plus près de l'action, en vue de reconnaître le plus possible « à chaud » ses collaborateurs, provoque des stimulations énergisantes qui favorisent l'émergence de l'enthousiasme et de la prise de plaisir au travail.

Même si ces deux modes de mémorisation paraissent faibles au niveau de la durée, vous vous apercevrez, avec la troisième et dernière mémoire, que la magie du long terme va jouer en faveur de l'enthousiasme.

La mémoire dite à long terme est « l'empreinte permanente » ; les chercheurs disent d'elle qu'elle est structurelle. La répétition des traces dynamiques façonne d'une certaine manière cette mémoire, qualifiée parfois d'engramme.

Ces trois mémoires « composent ensemble » en trois étapes l'acquisition de nos souvenirs par le cerveau.

Imprégner la mémoire de traces dynamiques

Nous sommes ainsi tous équipés de ce système à trois mémoires. Au niveau de la motivation et de l'enthousiasme : les traces dynamiques positives peuvent être assimilées à des souvenirs laissés par des reconnaissances positives (félicitations, événements forts...). Si les signes de reconnaissance s'arrêtent du jour au lendemain, ces traces dynamiques s'effaceront rapidement. Si en revanche, les signes de reconnaissance se multiplient et se pérennisent, ils s'ancreront positivement en traces structurelles.

Le fonctionnement est bien entendu identique en fonctionnement inverse : les traces dynamiques négatives peuvent être assimilées à des souvenirs négatifs (pluies de reproches, non reconnaissance de succès...). Si ces souvenirs désagréables s'arrêtent rapidement, ces traces dynamiques s'estomperont assez vite. Si au contraire, ces signes négatifs se multiplient, ils s'ancreront négativement en traces structurelles, laissant la porte ouverte quotidiennement aux sentiments de peur, d'angoisse et de méfiance ; favorisant ainsi l'arrivée de séquences de démotivation.

Les entreprises nouvellement constituées (bénéficiant d'un court passé, d'une courte histoire) sont plus naturellement enclines à positiver que les entreprises plus anciennes, devenues routinières dans leur fonctionnement. Sous leur phase de développement initiale, elles imprègnent souvent fortement, tous les collaborateurs de « traces dynamiques ».

La nouveauté crée un élan dynamisant (voire euphorisant) propice aux réussites individuelles et collectives. C'est dans ces moments que de grands défis peuvent être relevés.

Cela permet aussi de mieux comprendre l'enthousiasme qu'ont un jour ou l'autre des salariés lorsqu'ils choisissent de créer leurs propres entreprises, malgré les risques existants.

La mémoire, comme l'enthousiasme, déteste elle aussi l'immobilisme. Rendre le plus souvent possible l'entreprise riche en « traces dynamiques » positives représente le challenge quotidien de tous les managers enthousiastes.

Le management du changement et des projets

L'influence de ces « traces dynamiques » positives sur la motivation et l'enthousiasme fait la différence. Indépendamment du contexte lié aux entreprises nouvelles, ces « traces dynamiques» positives sont perceptibles dans de nombreuses organisations où jaillissent de nombreux projets.

Manager un projet quel qu'il soit dans l'entreprise sans enthousiasme, c'est conduire dangereusement un projet, c'est parfois amener l'organisation au désastre.

Encore une fois, l'étymologie des mots nous renseigne.

✎ Le sens des mots

Le verbe **projeter** vient de *porjeter* qui signifiait au XIIIe siècle « jeter en avant, au loin ».

Manager un projet dans une entreprise sans dynamisme, c'est comme vouloir donner envie à ses collaborateurs d'agir en restant soi-même immobile, sans enthousiasme.

Les principales raisons qui font échouer entièrement ou partiellement un projet sont à raccorder à des problématiques de communication et de motivation. Lorsqu'un mauvais « atterrissage de projet » survient dans une entreprise (fabriquant par là-même de la déception), il est malheureusement fréquent de constater qu'il y a :

- soit, au niveau du top management, une mauvaise définition stratégique initiale du projet,
- soit une mauvaise communication dans l'entreprise autour du projet, avec à la clé une déformation de l'information et le déclenchement de rumeurs diverses,

— soit enfin, une mauvaise adhésion opérationnelle des collaborateurs au projet.

Notons en passant qu'une mauvaise communication autour du projet ainsi qu'une mauvaise adhésion opérationnelle sont intimement liées.

Lorsque le projet est associé dans une entreprise à de multiples bruits de couloirs (« ...ah, encore un projet... »), le bon côté dynamisant du projet s'estompe au profit des mauvais côtés.

Les perceptions négatives en termes de surcharge de travail, de perte de sens sur la nature même des projets (pourquoi et pour quoi ?) s'amalgament. Dès que ces signaux d'alarme se présentent, deux explications arrivent :

— soit l'entreprise réalise trop de projets simultanément sur des temps trop longs (phénomène de dilution des forces vives et de l'énergie dans le temps),

— soit la pratique du management de projet dans l'organisation est perfectible.

Un chef de projet doit avant tout être enthousiaste

Avant d'être un bon coordinateur, animateur, manager, un chef de projet doit avant tout être quelqu'un d'enthousiaste.

Les meilleurs projets qui se concrétisent sont toujours admirablement pilotés par une équipe projet enthousiaste du début à la fin.

Les mauvais atterrissages de projets sont pour les 2/3 d'entre eux pilotés par des managers « mauvais communicants », dénués d'enthousiasme.

Les traces dynamiques et l'effet pygmalion

Il est de plus en plus admis par de nombreux scientifiques que l'entraîneur et le sportif, le professeur et l'élève, le manager et le managé sont co-dépendants.

La façon dont vous vous représentez, par exemple un objectif, le modifie lui-même. Cela entraîne une nouvelle représentation chez un collaborateur et ainsi de suite.

Cet art de placer « la barre au bon niveau » est d'ailleurs bien connu des entraîneurs de talent. Une partie importante de la confiance en soi se constitue ici.

Si vous savez que vous ne saurez pas, vous ne saurez pas. Si vous savez que vous ne pouvez pas, vous ne pourrez pas. Au niveau des interactions entre les personnes, cette observation a également été faite depuis longtemps.

Une expérience entre amis

Vous pouvez même faire l'expérience suivante : invitez à dîner deux amis à vous qui ne se connaissent pas.

Dites au premier qu'il va rencontrer l'un de vos amis, très sympathique, très brillant, qui possède la particularité d'avoir un QI très élevé mais qui déteste « ramener sa science ».

Dites au second qu'il va dîner avec l'un de vos amis, très sympathique, mais qui possède la particularité de beaucoup questionner. Puis observez l'interaction.

L'un de vos amis voudra vérifier si ce que vous lui avez dit est exact. Il va par exemple questionner votre ami sur tel ou tel sujet. L'autre va « reconnaître » la caractéristique dont vous l'aviez affublé et va répondre aux questions de cette personne, qui aura la confirmation que votre ami, malgré son énorme QI, est quelqu'un de très simple et de facilement abordable... donc vraiment intelligent.

Le plus étonnant dans cette expérience, c'est que ni l'un ni l'autre ne possède ces particularités. Autrement dit, ce que vous imaginez de l'autre fait que l'autre se comporte comme vous le projetez, et semble ainsi vous donner raison. Et ce que vous croyez devient vrai.

Si demain, vous managez une nouvelle équipe dont la caractéristique annoncée par vos supérieurs est d'être une équipe difficile, au comportement déviant, qui n'est pas capable d'obtenir de bons résultats, vérifiez-le vous-même par des faits. Méfiez-vous des opinions environnantes.

Si demain, vous managez une nouvelle équipe dont la caractéristique annoncée par vos supérieurs est d'être une équipe à fort potentiel, qui n'a pas encore eu l'opportunité de donner le meilleur d'elle-même, entraînez-les (à corriger leurs erreurs) avec vous.

Le bon élève et l'instituteur

Souvenez-vous de cette expérience réalisée dans une école. On faisait croire à un instituteur que le meilleur élève de la classe était tel élève (dont les vrais résultats scolaires demeuraient non révélés à l'instituteur) alors qu'il était en fait le moins bon élève.

À la fin de l'année, cet élève était devenu l'un des meilleurs élèves de la classe, simplement à cause du changement d'attitude de l'instituteur. L'expérience malheureusement vaut aussi dans l'autre sens…

L'impact positif de l'effet pygmalion

L'effet Pygmalion existe dans l'entreprise. Le manager enthousiaste détient le pouvoir de littéralement transformer, transporter un collaborateur dans des scénarios positifs. Il crée des représentations dynamisantes et restructurantes.

Être enthousiaste, c'est aussi de façon instinctive croire dans le potentiel et le pouvoir de réussir détenu par tout collaborateur et peu mis en œuvre.

De nombreux coachs entretiennent leur effet Pygmalion positif envers la personne qu'ils coachent : croire en la personne qu'ils coachent déclenche des changements de comportements chez cette personne. Cela amène cette personne à prendre conscience qu'au fond d'elle-même elle a la clé qui lui permet de réussir et d'évoluer.

Tout devient donc possible et les performances suivent.

Ces représentations deviennent des « bons souvenirs » qui, lorsqu'ils se répètent, passent d'un état « traces dynamiques » à un état « traces structurelles », destinées à s'ancrer dans la réalité du moment.

L'attitude mentale positive, génératrice d'enthousiasme, peut se constituer chez n'importe quel collaborateur par la répétition d'actions positivement reconnues par le manager.

Cette attitude mentale positive génère automatiquement des phénomènes forts de confiance en soi (en tant que managé) et en les autres (en tant que manager).

Le processus de l'enthousiasme

Nous venons de parcourir un chemin qui nous amène à mieux comprendre l'étonnant et parfois mystérieux processus de l'enthousiasme, et donc de la motivation dans l'entreprise.

Ce processus de l'enthousiasme et donc de la motivation repose sur des étapes qui, à partir des systèmes de valeurs de chacun et de l'entreprise, vont conduire à l'atteinte d'un niveau de performance.

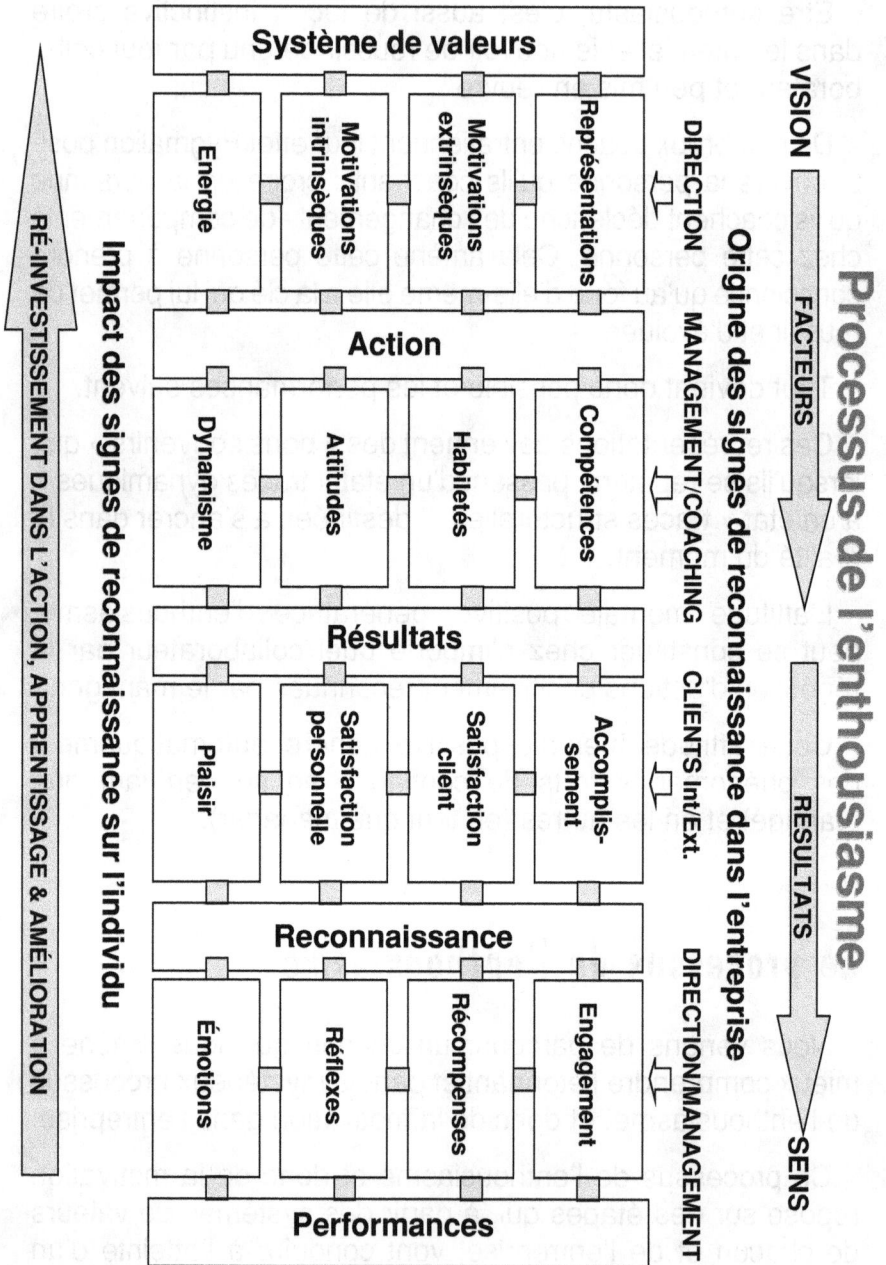

Processus de l'enthousiasme

VISION — **FACTEURS** — **RESULTATS** — **SENS**

Origine des signes de reconnaissance dans l'entreprise

Étape	DIRECTION / MANAGEMENT/COACHING / CLIENTS Int/Ext. / DIRECTION/MANAGEMENT
Système de valeurs	Représentations · Motivations extrinsèques · Motivations intrinsèques · Energie
Action	Compétences · Habiletés · Attitudes · Dynamisme
Résultats	Accomplis-sement · Satisfaction client · Satisfaction personnelle · Plaisir
Reconnaissance	Engagement · Récompenses · Réflexes · Émotions
Performances	

DIRECTION

MANAGEMENT/COACHING

CLIENTS Int/Ext.

DIRECTION/MANAGEMENT

Impact des signes de reconnaissance sur l'individu

RÉ-INVESTISSEMENT DANS L'ACTION, APPRENTISSAGE & AMÉLIORATION

À la base, un système de valeurs et de croyances

Le système de valeurs occupe donc une place considérable dans l'origine de l'enthousiasme. Les valeurs découlent directement des croyances. Ce sont les valeurs et les croyances qui sont à la source même de la motivation.

Lorsque cette énergie est positive et porteuse, elle fabrique l'enthousiasme. L'organisation, dans ces moments magiques, peut progresser et « déplacer des montagnes ».

Les croyances commandent les comportements d'une façon impérative. Ainsi, une personne qui obéit à une croyance ne le fait pas spécialement de façon consciente, mais elle sait qu'elle ne pourra agir autrement.

Si dans une entreprise, une valeur forte est la confiance et qu'un manager se trouve dans un schéma qui lui fait découvrir rapidement que des collaborateurs autour de lui ne sont pas dignes de confiance (parce que contre lui), le manager en question aura des attitudes et des comportements qui seront donc en opposition avec les valeurs de l'entreprise.

Les croyances ont ceci de particulier : elles génèrent des « filtres » nécessaires à leur entretien. Si en tant que manager, vous croyez que vos collaborateurs vous cachent quelque chose, le fait même qu'ils vous avouent ne pas avoir besoin de vous parler prouve qu'ils vous cachent bien quelque chose...

Ainsi, le système de valeurs d'une entreprise peut très vite s'entrechoquer avec les systèmes de valeurs personnels des collaborateurs.

Au cœur du processus, l'organisation de la compatibilité des systèmes de valeurs

L'enthousiasme permet non pas de changer des croyances, mais d'amener des compatibilités entre les systèmes de valeurs présents : direction > management > équipe > individu.

L'enthousiasme crée une dynamique complète, physique (comportement visible) et mentale (pensée positive). Les évolutions des croyances positives dans l'organisation en sont grandement facilitées.

Dès lors, entendre des collaborateurs dire : « ... Je n'aurais jamais imaginé être capable de... » est possible. Cela est autrement plus positif que d'entendre : « ... Je le savais... ».

Ce processus intègre de nombreux autres éléments. La prise en compte des facteurs environnementaux, organisationnels et humains permet, lorsqu'ils sont identifiés un par un, de mieux comprendre pourquoi l'organisation subit des turbulences motivationnelles, accompagnées de baisses significatives de performances.

En suivant ce schéma, nous percevons l'importance des signes de reconnaissance qui influencent les deux dimensions de la motivation (extrinsèque et intrinsèque).

La partie basse de ce schéma représente la partie visible de l'enthousiasme transmis au collaborateur. De simples observations dans une entreprise permettent vite de capter le climat motivationnel d'une organisation.

Au final, un quatuor vertueux : énergie, dynamisme, plaisir, émotion

Le quatuor E.D.P.E (énergie – dynamisme – plaisir – émotion) est vite perceptible et facilement mis en relief.

Lorsqu'une organisation ne permet pas l'émergence de ce quatuor, c'est qu'elle est en danger sur le terrain de l'enthousiasme et de la motivation. Il est temps pour le management de réagir.

Partie 3
Enclencher le cycle de l'enthousiasme

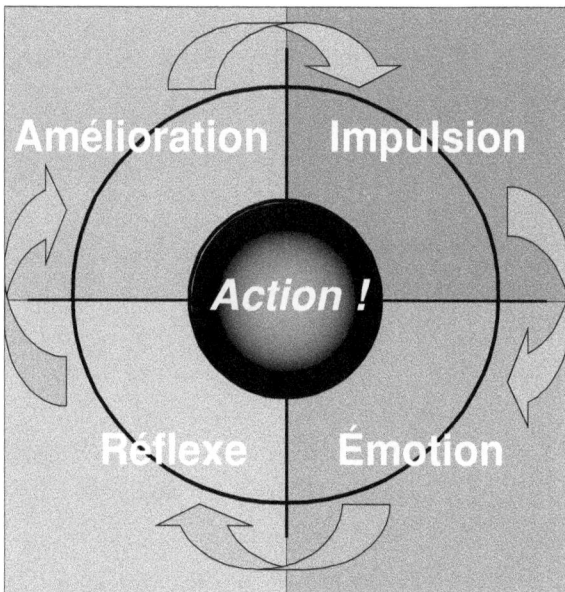

Chapitre 5

S'appuyer
sur les quatre temps
du cycle de l'enthousiasme
pour manager

Intégrer l'enthousiasme comme mode de management, en facilitant la prise de plaisir dans l'action, en déclenchant la motivation et en élevant les performances, est en soi naturellement attirant pour un manager. Cela lui permet de donner envie d'agir et d'oser en distribuant autour de lui une forme d'énergie.

Attention aux questions égocentriques

De nombreux managers se posent les questions suivantes :

- « Suis-je fait pour l'enthousiasme ? »
- « L'enthousiasme est-il fait pour moi ? »
- « Comment intégrer l'enthousiasme à mes pratiques ? »
- « Suis-je enthousiaste moi-même ? »

Ce sont de mauvaises questions car elles sont égocentriques. Ramener uniquement l'enthousiasme à soi est une erreur. Aucun manager ne peut prétendre utiliser le cycle de l'enthousiasme s'il ne pense qu'à lui, avant de penser à celles et ceux qui l'entourent.

L'enthousiasme repose sur un partage. C'est ce partage qui fait progresser les collaborateurs qui travaillent avec vous.

Le cycle de l'enthousiasme vous présentera un fonctionnement à quatre temps. Ce cycle vous incitera à développer de nouveaux comportements et de nouvelles capacités, notamment relationnelles.

Notre propos n'est pas de vous inviter à vous transformer en un manager extraverti « dynamisant les foules ». Votre enthousiasme n'appartient qu'à vous et son expression vous appartient.

Nous avons abordé plusieurs fois l'émotion comme élément important dans la transmission de l'enthousiasme dans l'organisation. Devenir plus sensible à vos émotions est transversal à ce cycle. Rappelez-vous simplement que c'est dans la gestion d'une partie de vos émotions que vous avancerez sur cette piste de l'enthousiasme dans le management.

D'autre part, méfiez-vous de l'approche « franco-française » qui vise à cataloguer des émotions positives comme incompatibles avec les principes manageriaux et codes sociaux attendus dans l'entreprise.

Une représentation pyramidale de la montée en puissance de l'enthousiasme

Pour bien comprendre comment fonctionne l'enthousiasme et comment il peut monter en puissance, un détour par la théorie de de Robert Dilts est la bienvenue.

La théorie de Robert Dilts

Dans la « pyramide de Dilts », Robert Dilts[18] a mis en évidence que toute expérience (de management par exemple) peut être comprise de façon dynamique.

Cette pyramide est un outil idéal à connaître et à utiliser en pilotage et accompagnement de changement. Elle repose sur l'idée qu'il faut changer soi-même pour que les choses autour de nous changent.

Lorsqu'un manager partage une réussite, donne des signes de reconnaissance ou « distribue son énergie », il se situe sans même s'en rendre compte à différents niveaux de sa pyramide et de celle de son ou de ses collaborateur(s).

Les différents étages de cette pyramide sont en étroite relation les uns avec les autres.

Les niveaux logiques (R. Dilts)

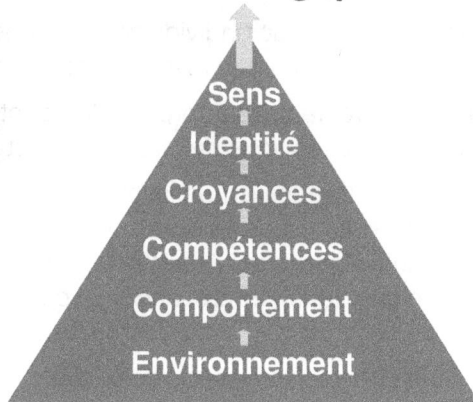

Sens
Identité
Croyances
Compétences
Comportement
Environnement

---

18. Robert DILTS, *Croyances et santé*, éd. EPI, La méridienne.

L'**environnement** : c'est « tout ce qui est autour » de nous. Il est unique et se situe dans le présent « ici et maintenant ».

Le **comportement** : ce sont les actions de type réflexe. Elles sont adaptées en fonction de l'environnement dans lequel on se trouve.

Ces deux niveaux confirment que l'environnement de travail (organisationnel et humain) influence directement les comportements des personnes.

Les **compétences** : ce sont les savoir-faire et autres habiletés acquises et plus ou moins déployées en fonction d'éléments extérieurs, comme les signes de reconnaissance transmis par le manager.

Les **croyances :** elles font appel à notre système de valeurs. En fonction du niveau plus ou moins élevé de croyances (en soi, en les autres, en un système, en une entreprise), nous renforçons certaines convictions qui modifient nos émotions dont la palette est large et va de la peur à la joie…

L'**identité** : c'est la mission que se donne un individu, voire sa raison d'exister. Elle permet de mieux comprendre les perceptions que chacun a de lui-même, en fonction d'un rôle, d'une fonction ou d'un poste dans une organisation. Ainsi, ceux qui sont fiers d'occuper une fonction ressentent un fort sentiment d'appartenance à l'entreprise.

En revanche, lorsque l'individu ne prend pas de plaisir dans une activité professionnelle, il en résulte un appauvrissement identitaire.

Dans le cadre de cette approche de l'identité, la réponse à la question : « Que faites-vous dans la vie ? » est riche d'enseignement.

Dans une entreprise dynamisante et enthousiasmante, le niveau de l'identité est rempli de valeurs ajoutées passionnantes. C'est le cas lorsqu'un collaborateur « existe » dans une organisation et bénéficie de signe de reconnaissance qui ponctuent l'avancement de sa mission.

Le **sens** : c'est le sommet de cette pyramide qui donne une valeur à l'action. Mais « Aller dans le sens de l'entreprise » sans plaisir, enthousiasme et motivation, c'est fonctionner en état de contrainte sans percevoir ni comprendre les valeurs et la vision d'une entreprise.

Par exemple, si à la question « Que faites-vous dans la vie ? », on vous répond : « Je soude des tôles dans un atelier », l'action manque de sens. Si l'on vous répond « Je construis le dernier modèle de telle marque… », l'action prend tout son sens.

C'est dans le sommet de cette pyramide, le sens, que nous trouverons un des gisements des ressources motivationnelles.

Les motivations intrinsèques et extrinsèques fusionnent à partir du moment où l'action, la vie, prend du sens.

Pour illustrer cette pyramide de Dilts en mouvement, ayons en tête, premièrement que tout collaborateur agit (adopte des comportements spécifiques) en fonction de son environnement.

Vu-Entendu

- L'absence de courants positifs : ambiance monacale, murs des bureaux gris, mauvais éclairage, pas un sourire. Les lieux sont tristes, les gens aussi.

- Management fondé uniquement sur la supervision : l'essentiel de l'activité du manager consiste à contrôler, quantifier et rationaliser toutes les actions afin de gagner en productivité. Les comportements des collaborateurs, focalisés sur le quantitatif, font perdre de vue le qualitatif. Les relations entre les collaborateurs et vis-à-vis des clients s'en font ressentir : tension, méfiance…, à terme endormissement probable des compétences liées au savoir-être.

- Aux murs de l'établissement, remplis d'affiches sur la qualité, s'ajoute un management pressurisant. Il y a rapidement amalgame entre qualité et gain de productivité.

- L'accueil dans ce magasin d'électro-ménager est désastreux. Les sourires, les regards et les attitudes des vendeurs ne correspondent pas du tout au positionnement marketing de l'enseigne, voire à la vison du dirigeant : les clients le ressentent et vont voir ailleurs.

- Une réunion rassemble la force commerciale d'une entreprise de services. Le directeur commercial présente les mauvais résultats du trimestre passé. Manifestement, malgré les mesures d'incitation, les performances de la majorité des vendeurs ont chuté. Arrive une séquence simulation d'argumentation. Certains vendeurs semblent avoir « oublié » le traitement de certaines objections… Deux mois plus tard, le groupe est racheté et les managers changés.
- Dans cette entreprise, un projet important va voir le jour dans 6 mois. Il s'agit de la refonte complète du système informatique. De nombreuses équipes projets sont constituées. Des gens qui n'avaient pas l'habitude de travailler ensemble collaborent au projet de façon transversale, inter-services, inter-départements. De nombreuses réunions ont lieu dans des environnements différents. De nouveaux comportements voient le jour. Des compétences sont partagées, mutualisées, le projet avance.

Ces exemples illustrent l'absence de courants positifs. Les comportements induiront la mise en œuvre ou la mise en sommeil de telle ou telle compétence. Certains comportements manageriaux pousseront le collaborateur à ne pas donner le meilleur de ses compétences.

La magie d'une dynamique projet se situe objectivement dans les trois premiers niveaux de cette « pyramide de Dilts ». Les résultats concrets et observables d'une équipe projet qui avance, sont liés essentiellement aux inter-connexions nouvelles et émergentes entre les trois niveaux :

- changement d'environnement,
- modification des comportements,
- évolution des compétences.

Une fois passés ces trois premiers niveaux « objectifs » de cette pyramide, nous accédons aux niveaux supérieurs, plus « subjectifs ».

Les compétences, lorsqu'elles sont idéalement mises en œuvre, sont en harmonie avec les croyances du collaborateur.

Il y a partage entre les systèmes de valeurs du collaborateur de l'entreprise du client.

A contrario, si les compétences s'endorment et se fragilisent (par exemple manque de volonté de progresser en apprenant dans l'action), l'auto-perception de la « valeur ajoutée » ou l'engagement personnel du collaborateur face à une situation professionnelle s'étiole.

L'action du manager positif et enthousiaste prend un sens particulier sur l'étage des croyances du collaborateur. Là encore, les signes de reconnaissance que donnera le manager (couplés à l'effet Pygmalion) créeront des dynamiques fortes pour n'importe quel collaborateur dans l'organisation. Il y a développement de croyances fortes, dans une organisation, dès qu'il y a présentation, déclinaison « d'enjeux forts » par le management. Cela entraîne une cohésion de l'ensemble des acteurs, autour des notions liées à ces « enjeux forts ».

Vu-Entendu

- Dans cette organisation, tout le monde croit en ce qu'il fait, travaille énormément et est peu rémunéré. Cette organisation est une entreprise qui débute et croit en la valeur ajoutée de ses solutions (donc, « se bouge obligatoirement » afin de trouver ses premiers clients).
- Dans cette association caritative, chacun œuvre et croit en ce qu'il fait, travaille énormément et n'est pas rémunéré du tout.

Les croyances fortes qui existent dans ces deux environnements, à la fois si éloignés et si proches, en termes de volonté de réussir et/ou d'aider, font que dans les deux cas les objectifs seront atteints.

Vu-Entendu

- Dans une entreprise de mécanique de précision, les managers sont d'authentiques passionnés. Leur passion pour leur métier, ils la communiquent en permanence à leurs équipes en leur déclinant l'importance qu'il y a à « bien faire » (et à croire en ce qu'ils font) car les pièces fabriquées servent dans l'aéronautique ; secteur où, par définition, l'erreur est intolérable. Les managers de cette entreprise entretiennent tous les jours de façon innée le « capital croyance » de leurs collaborateurs : croire en soi fiabilise les compétences et croire en ce que l'on fait facilite la qualité et l'amélioration constante d'une prestation.

Les croyances, ces sentiments de certitude sur la signification de telle ou telle chose, établiront les fondements de l'identité, de l'auto-représentation que chacun a de soi dans le cadre de sa profession.

Sans croyance(s) professionnelle(s) forte(s), il n'y a pas ou peu d'identité professionnelle forte. Avec une identité positive et ancrée, on ne travaille pas uniquement pour gagner sa vie.

L'identité à travers la perception de soi-même (notamment au travers des messages de valorisation ou de dévalorisation perçus) donnera plus ou moins de sens au métier, à l'action professionnelle. Le regard des autres (contexte professionnel et personnel) en sera modifié.

Au final, arrive donc la perception du sens de l'action. Ce stade ultime, subjectif, est le résultat ou le début d'un cheminement dans cette pyramide.

Il est admis que cette pyramide peut se visiter de bas en haut ou de haut en bas.

Tout manager ayant en charge l'accompagnement ou le pilotage du changement dans son organisation peut choisir son propre cheminement.

Le « sens » donné au changement conditionne la concrétisation du changement et l'accueil de la nouveauté dans l'entreprise.

Les dirigeants, lorsqu'ils sont confrontés à un changement important (évolution de métier, réduction ou élargissement d'activités par exemple), agissent au niveau du sens (au sens stratégique du terme) pour communiquer.

Il reste au management opérationnel de vivre et d'accompagner le changement. Pour cet accompagnement, le management opérationnel parcourt la pyramide en la remontant.

L'approche du sens, l'orientation (vision du dirigeant) peut parfois sembler « stratosphérique », loin de la réalité face au quotidien opérationnel des collaborateurs. Il convient à toute organisation traversant des périodes de changement d'avoir à l'esprit que la mobilisation de l'ensemble des acteurs (facilitée en cela par l'enthousiasme) est affaire de croisement entre le sens donné par le dirigeant et le sens traduit par le management « terrain » et enfin le sens vécu de façon opérationnelle par les équipes.

Agir sur les quatre temps du cycle de l'enthousiasme

Cette représentation pyramidale nous accompagnera en permanence au fur et à mesure du franchissement des 4 temps, 4 étapes, 4 énergies du cycle de l'enthousiasme.

Cela nous permettra de mettre en évidence les portes d'entrée possibles que choisira d'ouvrir le manager désireux de faire monter en puissance l'enthousiasme et la motivation dans l'entreprise.

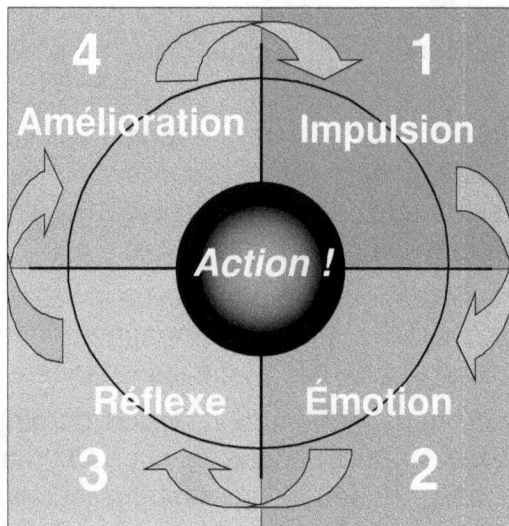

Le temps de l'impulsion

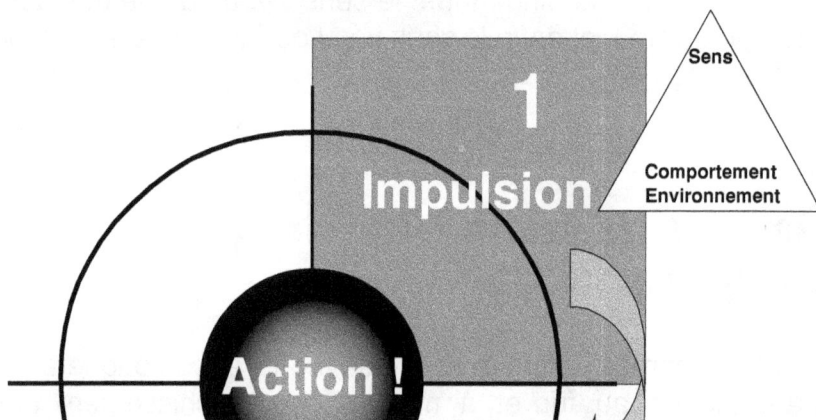

✓ Inspiration de ses collaborateurs (« vision partagée »).

✓ Transmission de sa « passion ».

✓ Impulsion d'énergie à ses collaborateurs.

✓ Constitution d'un environnement plus favorable à l'action.

✓ Mouvement, action, rencontre avec ses collaborateurs.

✓ Communication congruente.

Cette première étape traduit votre « état de conviction » en tant que manager face à une situation déterminée.

L'enthousiasme naît en grande partie dans la projection d'une action positive à venir.

Il est donc capital pour vous, manager, d'être POSITIF et d'envisager POSITIVEMENT la situation à venir ; même si cette dernière comporte beaucoup d'inconnu. C'est un pré-requis indispensable.

Ce positivisme fait directement appel à votre capacité à voir ce qui est présent et réussi avant ce qui est absent et manqué.

Cette étape repose sur vous (et votre optimisme).

Nous avons vu dans les chapitres précédents, que notre approche socioculturelle nous pousse souvent à entrapercevoir de nombreuses nuances de gris entre le noir et le blanc. Cela ne facilite pas le passage, pour un manager, de l'appréciation négative d'une situation à une appréciation positive en un claquement de doigt.

Pourtant, il est nécessaire d'apprendre à positiver, à croire plus en soi et aux autres, à regarder différemment ce qui vous entoure, à moins calculer et imaginer de scénarios d'échecs.

Cet effort préalable est important, ne serait-ce que pour vous développer des réflexes « cerveau droit ». L'enthousiasme, dans sa forme, échappe en grande partie au « cerveau gauche » : on ne peut pas le quantifier en termes de dosage, le mesurer en termes de retombées escomptées. Le retour sur investissement enthousiasme est forcément positif. C'est tout.

C'est à ce titre que cette première étape se nomme **_impulsion_**.

Il s'agit bien d'un principe d'action, le management devient le mouvement qui communique cette force ou cette énergie, cette conviction de réussir, de donner envie d'agir.

Les 6 moteurs de l'impulsion, force qui provoque un mouvement

Cette étape Impulsion peut être segmentée en 6 points importants. Nous pouvons d'ores et déjà noter que ces 6 points s'exprimeront en particulier dans les niveaux Environnement et Comportement de la pyramide de Dilts.

Car adapter un environnement d'entreprise favorable à l'action et à la réussite fera naître de nouveaux comportements, de nouvelles perceptions.

L'étape 1 – l'énergie impulsion

Les 6 moteurs de l'impulsion s'expriment par des verbes : **Inspirer – Influencer – Insuffler – Générer – Bouger – Agir.**

Inspirer : l'inspiration de vos collaborateurs passe par l'expression du sens donné à l'action, par votre action ; voire par la vision du dirigeant, partagée par l'ensemble des collaborateurs.

Influencer : la transmission de votre passion en tant que manager renforce l'envie de vous suivre. Si aucune passion ne vous pousse dans votre action professionnelle, votre enthousiasme est proche du feu de paille.

Insuffler : distribuer votre énergie à vos collaborateurs. Cela fait partie intégrante de votre enthousiasme de manager. « Donner envie » s'effectue par une distribution de signes de reconnaissance particuliers auprès de vos collaborateurs.

Générer : la constitution d'un environnement favorable à l'action et à la réussite est primordiale. **N'hésitez donc pas à dépoussiérer les habitudes en place en modifiant l'environnement,** le contexte habituel de travail.

Bouger : le mouvement crée l'action. Vous devez modifier vos comportements, votre occupation de l'espace, vos habitudes de déplacement afin d'étonner et de surprendre positivement vos collaborateurs. Bouger constitue la première marche de l'effet surprise, rencontrez le plus possible vos collaborateurs et échangez avec eux, n'attendez pas qu'ils viennent vers vous.

Agir : la qualité de votre communication enthousiasmera ou non vos collaborateurs. Soyez congruent, faites en sorte que ce que vous êtes traduise ce que vous dites. Votre action en tant que communicant représente l'ultime déclencheur de l'enthousiasme. Si vous croyez en ce que vous dites, cela se remarquera.

L'impulsion chasse la routine, crée les conditions de la créativité et déclenche le changement

L'enthousiasme déteste, nous l'avons déjà souligné, l'immobilisme. Cette première étape Impulsion vise avant tout à chasser la routine. L'impulsion signifie aussi créativité. Offrez à vos collaborateurs le droit d'imaginer autrement leur quotidien.

Votre enthousiasme doit donner plus souvent envie à vos collaborateurs de réussir en explorant des solutions qu'ils ont en eux. Rendre vos collaborateurs plus sûrs d'eux, plus « adultes », donc moins dépendants de vous, est un point de passage incontournable de cette première étape.

Vu-Entendu

Un jour, un manager m'a posé la question suivante : « Combien de temps dure cette première étape dans le cycle ? ».

À cette question très logique, j'ai répondu que cette étape pouvait être vécue 1, 2, 5, 10 fois par jour suivant les circonstances. Mon expérience m'a plusieurs fois prouvé, néanmoins, que plus l'étape Impulsion était présente selon des fréquences rapprochées dans le temps, plus l'organisation était capable de se mobiliser rapidement dans une action particulière.

Plus les fréquences dynamisantes de cette étape sont rapprochées, plus le manager peut modifier facilement l'environnement et les comportements. À terme, les collaborateurs deviennent plus agiles et prêts à orienter leurs actions dans le sens présenté par le manager.

Le temps de l'émotion

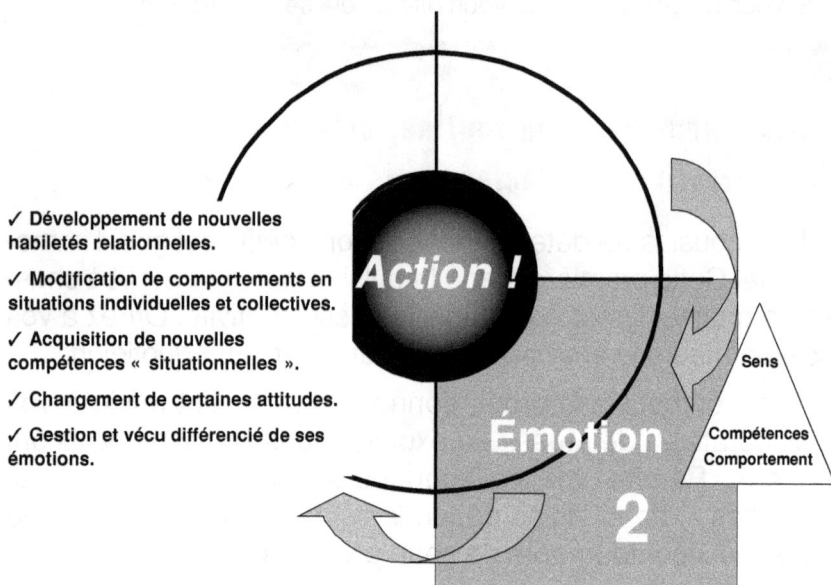

✓ Développement de nouvelles habiletés relationnelles.

✓ Modification de comportements en situations individuelles et collectives.

✓ Acquisition de nouvelles compétences « situationnelles ».

✓ Changement de certaines attitudes.

✓ Gestion et vécu différencié de ses émotions.

Action !

Émotion

2

Sens

Compétences
Comportement

De plus en plus, nous prenons conscience de l'importance de la dimension émotionnelle dans le management.

Émotion rime avec transformation

Notre époque est une affaire de transformation et d'imprévisibilité. Les réponses réflexes des organisations et du management face à des situations de changement sont et seront plus émotionnelles qu'intellectuelles.

Le management qui permettra de faire évoluer les compétences de ses collaborateurs par les voies du développement personnel verra plus que tout autre l'enthousiasme naître dans l'organisation.

Le partage émotionnel du manager avec ses collaborateurs traduira sa conviction d'élever les compétences en place afin d'augmenter les performances. Faciliter l'évolution des compétences sera véhiculé par le manager *via* ses émotions positives transmises à ses collaborateurs dans l'action.

Cette étape *Émotion* peut être segmentée en 6 points importants. Nous pouvons noter que ces 6 points s'exprimeront en particulier dans les niveaux Comportement et Compétences de la pyramide de Dilts.

En effet, les changements de comportement amèneront des compétences nouvelles (ou endormies) à voir ou revoir le jour. Les indices de plaisir que vos collaborateurs ressentiront (partage de signes de reconnaissance) augmenteront globalement la motivation.

L'étape 2 – l'énergie émotion

Les 6 pilotes de l'émotion s'expriment par les verbes : **Développer – Changer – Acquérir – Vivre – Ressentir – Partager**.

Développer : l'optimisation de nouvelles habiletés relationnelles de votre part constitue la première marche de votre approche d'un management plus émotionnel, plus sensible, car plus centré sur l'humain que sur les résultats.

Changer : la modification de votre comportement en situation individuelle ou collective traduira votre niveau d'enthousiasme. Votre comportement induira directement les changements de comportement de vos collaborateurs. Si vous changez, les autres changeront. Pensez à sourire et à rire.

Acquérir : l'appropriation de nouvelles compétences, particulièrement adaptées aux situations rencontrées, est simplifiée pour vous-même et pour vos collaborateurs. Votre management se centre davantage sur l'optimisation des compétences que sur l'atteinte « à tout prix » de résultats.

Vivre : le quotidien est individuellement vécu de façon différente au niveau émotionnel. Il est important d'apprendre dans l'action à distinguer votre palette émotionnelle et celle de vos collaborateurs. Vivre positivement, c'est apprendre à apprécier les bonnes émotions, à faire en sorte qu'elles puissent attirer et reconduire les scénarios positifs, donc agréables.

Ressentir : l'attention portée aux émotions vous fait devenir naturellement plus « agile » dans votre management. Votre « feeling situationnel » présente de nombreux intérêts. Il vous conduit à manager de façon plus intuitive et pro-active vos collaborateurs. Vous pouvez ainsi capter les messages (ou des demandes) avant même qu'ils vous aient été formulés par votre entourage. La sensibilité est un atout naturel, lorsqu'on est enthousiaste.

Partager : l'acte de donner pour recevoir fabrique un climat où la réciprocité est de mise. En tant que manager, plus vous donnerez à vos collaborateurs de marques d'attentions particulières, plus vous recevrez. Le partage des réussites est capital dans la dynamique de ce cycle.

Fêter les réussites individuelles et collectives. C'est dans l'aspect événementiel et festif que la cohésion nécessaire à la réussite d'une organisation voit le jour. L'entreprise triste n'attire pas et laisse partir les collaborateurs de talent. Le partage des émotions positives crée l'envie de rester et atténue considérablement le turn-over dans l'entreprise. Ne l'oubliez pas.

L'apprentissage et le repérage des émotions clés

Cette seconde étape repose sur l'apprentissage et le repérage d'émotions clés. Parmi ces émotions, qui prennent place dans une nouvelle famille de compétences (émotionnelles) pour le manager, nous trouvons principalement :

- **la confiance en soi,**
- **la maîtrise de soi,**
- **l'auto-motivation par l'optimisme,**
- **le sens des rapports humains,**
- **la capacité à adopter le point de vue de ses colla-borateurs.**

L'action de transformer positivement la réalité professionnelle passe par le déploiement de ces nouvelles compétences. Nous les avons tous mais elles sont réellement sous-exploitées dans 90 % des organisations. Elles représentent un potentiel phénoménal en termes de devenir pour n'importe quelle entreprise indépendamment de son activité et de sa taille.

Le temps du réflexe

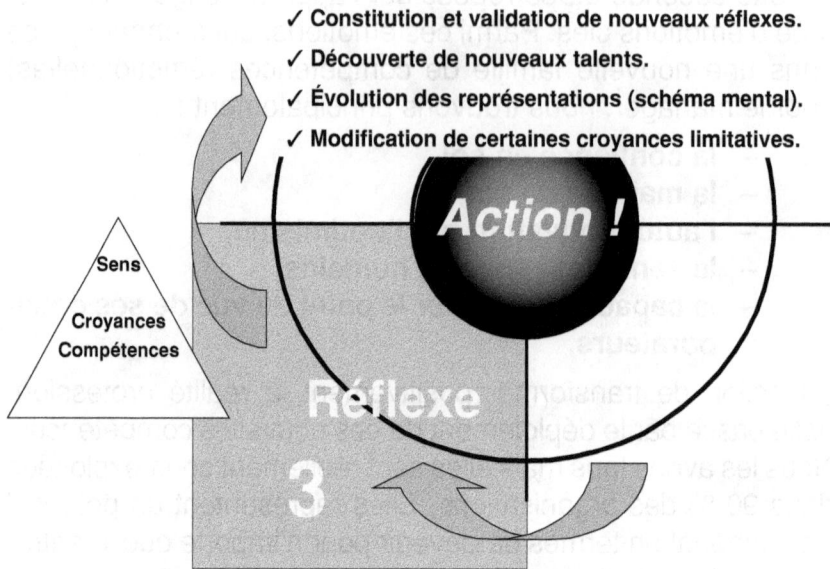

✓ **Constitution et validation de nouveaux réflexes.**

✓ **Découverte de nouveaux talents.**

✓ **Évolution des représentations (schéma mental).**

✓ **Modification de certaines croyances limitatives.**

Action !

Sens

Croyances
Compétences

Réflexe

3

Cette troisième étape *Réflexe* met en évidence la nécessité pour le manager d'accompagner et de renforcer par tous les moyens le management de proximité.

Une affaire de proximité...

Être au plus proche de l'action, entraîner vos collaborateurs à être meilleurs en développant de nouveaux réflexes (donc, en modifiant certaines croyances limitatives) transforment le manager parfois en coach, parfois en formateur.

En tout état de cause, le manager doit se situer plus proche géographiquement des réussites individuelles et collectives.

Cette étape peut être segmentée en 4 points importants. Ces 4 points s'exprimeront en particulier dans les niveaux Compétences et Croyances de la pyramide de Dilts.

En effet, l'accompagnement de l'élévation des compétences modifiera les croyances des collaborateurs dans l'action.

L'étape 3 – l'énergie réflexe

Les 4 pilotes facilitant la constitution de réflexes s'expriment par les verbes : **Modifier – Découvrir – Évoluer – Accompagner**.

Modifier : la constitution de nouveaux réflexes est importante. Nous savons que les gestes répétitifs, les compétences identiques, utilisées jour après jour, créent immanquablement la routine, l'usure et à terme la perte de plaisir, caractérisée par le « vivement vendredi ».

Cela fragilise les systèmes de valeurs globaux (entreprise / individu / client).

Vous devez, en tant que manager, avoir comme objectif(s) de développer de nouveaux réflexes, de constituer des aménagements de compétences destinés à ne pas stabiliser vos collaborateurs en « état professionnel léthargique ».

Vous devez améliorer en permanence les pratiques.

Découvrir : l'effet de surprise du manager enthousiaste s'exprime dès lors qu'il trouve chez ses collaborateurs de nouveaux talents.

Même dans un métier répétitif, trouvez les talents (personnels et professionnels) de vos collaborateurs et tâchez de les mettre à profit. Les spécificités individuelles découvertes chez l'un(e) ou l'autre renforcent la reconnaissance du manager vis-à-vis de ses collaborateurs. Vos collaborateurs ne doivent pas uniquement être reconnus pour ce qu'ils obtiennent en termes de résultats, mais pour ce qu'ils sont, c'est-à-dire des êtres humains, uniques.

Distinguez donc les compétences clés nécessaires à l'occupation d'un poste de travail, validez les réflexes présents chez vos collaborateurs et enfin permettez aux talents d'émerger en vue d'améliorer les performances quotidiennes.

Évoluer : l'évolution des ressources humaines traverse, de façon incontournable, l'évolution des représentations. Il vous appartient en tant que manager, quotidiennement, de resituer l'évolution des compétences dans le contexte de l'époque, de la société, du client et de l'entreprise.

Trop souvent, les collaborateurs ne voient pas le vent tourner. Les temps changent rapidement, vous êtes normalement, en tant que manager, un référentiel des « changements climatiques » de l'époque et de l'entreprise.

Si en tant que manager, vous ne faites pas évoluer au sens propre les ressources humaines, vous serez co-responsable de l'absence de capacité à réagir de l'entreprise en situation de turbulences (perte de clients, peur du changement, délocalisation, crises...).

Accompagner : la quête de compréhension du manager, sur les motifs de réussites ou d'échecs de ses collaborateurs, doit amener le management dans sa globalité, sur la piste de Saint-Thomas qui ne croyait que ce qu'il voyait.

L'adaptation ou l'acquisition de compétences s'effectue par le tandem accompagnement + reconnaissance de vos collaborateurs dans l'action.

Si vous êtes capable de comprendre quelles compétences mises en œuvre ont permis d'obtenir tel ou tel résultat, vous êtes bien sur la piste du management et du coaching.

En revanche, si vous managez seulement sur la base de « feed backs cerveaux gauches » générés à partir de listings, tableaux de bord et autres documents, vous vous éloignez de la logique d'accompagnement dans l'action.

D'autre part, apprenez progressivement à vos collaborateurs à se passer de vous, en tant que manager « exemplaire » qui sait tout faire et qui a réponse à tout.

Si vous mettez trop souvent la casquette du manager qui sait tout faire lui-même, vous aurez peu de temps à consacrer à l'activité de coaching. Vous aurez tendance à corriger vous-même les erreurs de vos collaborateurs. Ils ne grandiront donc pas sur les niveaux compétences/croyances.

> Ce déséquilibre du trop « faire soi-même » au détriment du « faire faire » et du coaching se rencontre beaucoup dans de nombreuses entreprises.

Cette troisième étape met clairement en évidence qu'un manager enthousiaste est :

- **forcément disponible,**
- **nécessairement dans l'action,**
- **le plus proche possible des collaborateurs.**

Certaines entreprises favoriseront plus facilement que d'autres des approches de type coaching.

Sortir de la perception d'un management contrôleur passe par une étape de transition (plan de communication interne), où l'on explique dans l'entreprise le pourquoi d'une telle démarche.

Il est clair que certaines entreprises, en fonction de leur « histoire de vie manageriale », sont plus prêtes que d'autres à enclencher ces accompagnements manageriaux plus centrés sur le « comment » que le « combien ».

Soyez et restez donc le plus souvent possible disponible, à l'écoute de vos collaborateurs.

Le temps de l'amélioration

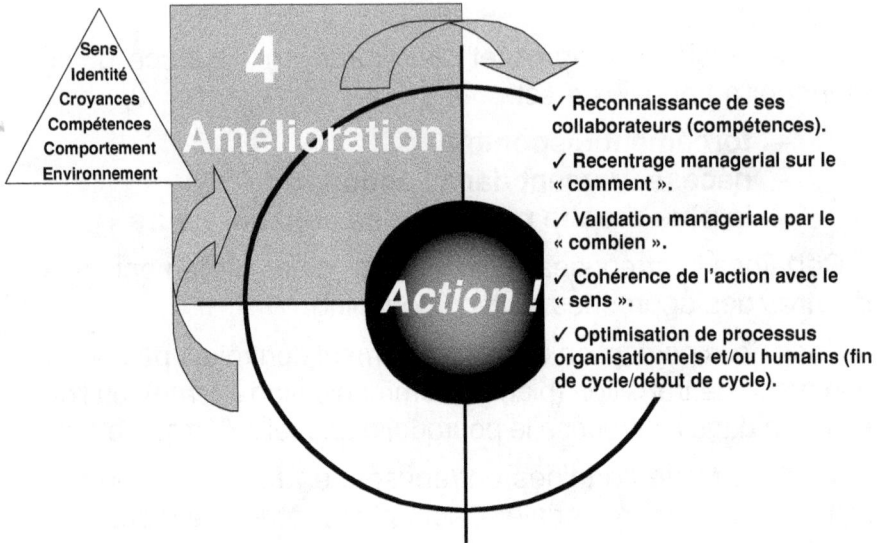

Cette quatrième et dernière étape vise à devenir meilleur :

- **meilleur dans vos pratiques de manager,**
- **meilleur dans vos capacités à donner envie et reconnaître vos collaborateurs**.

Nous pouvons ajouter,

- **meilleur dans la distribution de votre énergie**.

Un retour sur investissement personnel

Cette ultime étape devient le point d'orgue de votre action et de votre enthousiasme. Elle représente le « retour sur investissement » de votre action personnelle vis-à-vis de vos collaborateurs.

La joie d'avoir fait et de faire progresser ceux qui vous entourent se recueille ici. Ce « retour sur investissement personnel », ce bilan, vous permet d'optimiser, d'améliorer votre logique d'action, votre dynamisme et donc votre enthousiasme en vue de vous ré-investir massivement dans l'action.

Cette étape peut être segmentée en 5 points importants.

Elle permet de relier les différents niveaux de la pyramide de Dilts et de valider que la progression des étapes 1, 2 et 3 prend un sens particulier pour vos collaborateurs et pour vous-même.

L'étape 4 – l'énergie amélioration

Les 5 pilotes facilitant l'amélioration des globales de pratiques s'expriment par les verbes : **Agir – Progresser – Reconnaître – Donner du sens**.

Agir : le recentrage, la focalisation du manager sur l'élévation des compétences sont primordiaux. L'action positive et récompensatrice du manager s'effectue en s'intéressant à la personne plus qu'aux résultats.

Agissez donc en vous centrant réellement sur la personne. Votre enthousiasme est clairement orienté sur votre intérêt sincère porté à la personne dans le cadre de ses scénarios de réussite. L'amélioration s'inscrit dans une perspective dynamique et positive.

Toute relecture de pratiques ou tout retour d'expérience doit apporter du positif.

Progresser : méfiez-vous en tant que manager des effets rétroviseurs à base de questionnements négatifs (rappel des échecs). Le rappel du « pourquoi cela n'a pas fonctionné » ou du « pourquoi n'avez-vous pas obtenu de meilleurs résultats ? » ne fait jamais évoluer le présent.

Bannissez le pourquoi au profit du comment : l'échec ou l'erreur, lorsqu'on s'en aperçoit, est passé par définition. À vous, manager, de vous axer sur le présent et le futur.

Modifiez vos pratiques d'accompagnement (coaching réalisé de façon non linéaire, fréquences et approches inhabituelles…) afin de reconnaître toujours à chaud les réussites de vos collaborateurs.

Améliorer : en tant que manager, vous avez en charge le partage de ce qui fonctionne et de ce qui peut être reconduit, en terme de scénarios gagnants, de succès professionnels auprès des collaborateurs. Améliorer les choses en place passe donc par le partage de ce qui fonctionne avec l'ensemble de vos collaborateurs (réunions de la réussite, cercle du positif…). L'optimisation de processus organisationnels et humains s'en fera ressentir.

Reconnaître : la reconnaissance largement présente dans l'enthousiasme prend dans cette dernière étape un sens particulier.

La fin d'un cycle marquera le début d'un autre dont nous identifierons la mise en place chronologique dans le chapitre suivant.

La reconnaissance, ici, valide la cohérence d'une action particulière en fonction de résultats obtenus.

La reconnaissance devient dans cette étape, un bilan présenté et décliné le plus positivement possible. C'est le temps de la reconnaissance événementielle qui touchera les émotions et restera dans les mémoires de tous les participants.

C'est donc un moment d'échanges et de rencontres facilitant la dynamique des groupes. C'est aussi l'espace-temps des récompenses particulières qui toucheront les deux dimensions de la motivation.

Donner du sens : le chemin parcouru durant ce cycle est transversal au sens, à la vision partagée dans l'entreprise.

Il vous appartient de tenir à jour « la carte du chemin parcouru ».

Toute action permet à l'organisation globalement d'avancer et de « marquer des points » (sur la concurrence par exemple).

Le rappel du sens (avant, pendant et à l'issue d'un chemin parcouru) inscrit vos collaborateurs dans un environnement où l'action est par déduction sensée.

L'acte de donner du sens est pour le manager enthousiaste un moyen indispensable de concentration d'énergie et de focalisation des actions.

Le partage par le manager d'un chemin parcouru en harmonie avec le sens donné dans l'entreprise facilite la relance d'un nouveau cycle et oriente à nouveau l'élan et le dynamisme dans l'organisation.

Notons enfin que donner du sens et le rappeler le plus souvent possible affaiblit le tueur d'enthousiasme (maintenant connu) qui prend forme dans la routine.

Le cycle du management par l'enthousiasme au travers de ces 4 étapes, de ces 4 formes d'énergie : Impulsion – Émotion – Réflexe – Amélioration, permet de mettre en évidence qu'un manager est : **Le déclencheur de l'enthousiasme dans une équipe.**

1. **Votre enthousiasme dépend de votre état de conviction initial au démarrage du cycle.**
2. **Plus votre état de conviction sera maximum (effet Pygmalion positif), plus vous donnerez d'occasions de réussir à vos collaborateurs. Plus votre enthousiasme sera perceptible.**

L'impact de votre conviction maximum sur les niveaux « objectifs » de la pyramide de Dilts fera émerger :

1. **de nouveaux réflexes,**
2. **de nouvelles habiletés,**
3. **et réveillera des compétences enfouies.**

La reconnaissance des réussites (ancrage des points positifs) et le renforcement de votre proximité dans l'action, vous amèneront naturellement sur la piste du coaching.

Votre investissement dans l'action poussera l'organisation à s'améliorer globalement et progressivement.

Votre réinvestissement dans un cycle à venir sera agréable à vivre pour tous, car **l'enthousiasme ne fatigue pas**. Être enthousiaste n'est jamais fatigant !

Votre quotidien de manager sera à base de :

- **passion,**
- **plaisir,**
- **positivisme,**
- **proximité.**

Vos signes de reconnaissance dans l'action deviendront :

- **quotidiens,**
- **simples,**
- **rapides,**
- **instinctifs.**

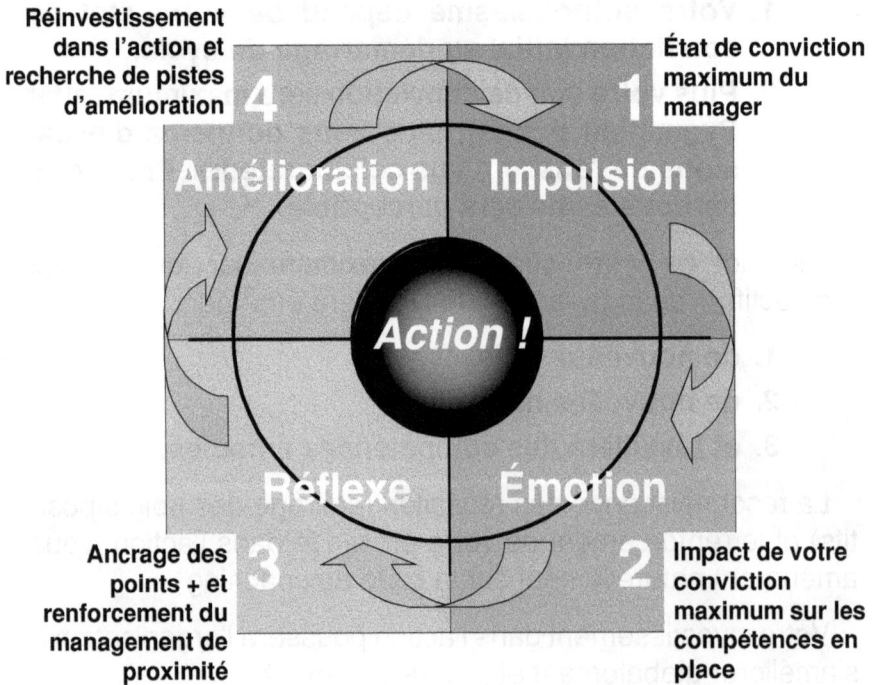

Réinvestissement dans l'action et recherche de pistes d'amélioration **4** — **Amélioration** — **Impulsion** — **1** **État de conviction maximum du manager**

Action !

Ancrage des points + et renforcement du management de proximité **3** — **Réflexe** — **Émotion** — **2** **Impact de votre conviction maximum sur les compétences en place**

Le temps d'un cycle

Reste le temps. Combien de temps dure ce cycle ? Comment ce cycle résiste-t-il au temps ?

Fondés sur des retours directs d'expériences auprès de managers, il apparaît clairement que :

- **Plus la durée du cycle est courte, plus l'énergie développée peut être concentrée de façon intelligente et plus les performances enregistrées sont significatives.**
- **Il est préférable de multiplier plusieurs cycles courts que d'envisager des cycles longs.**
- **Plus le cycle est long, plus il est difficile d'entretenir une dynamique motivante (tendance vérifiée auprès de nombreuses équipes projet).**

Le cycle de l'enthousiasme s'apparente ainsi à une classique courbe en S. Il existe des cycles qui durent quelques jours, 15 jours, 1 mois.

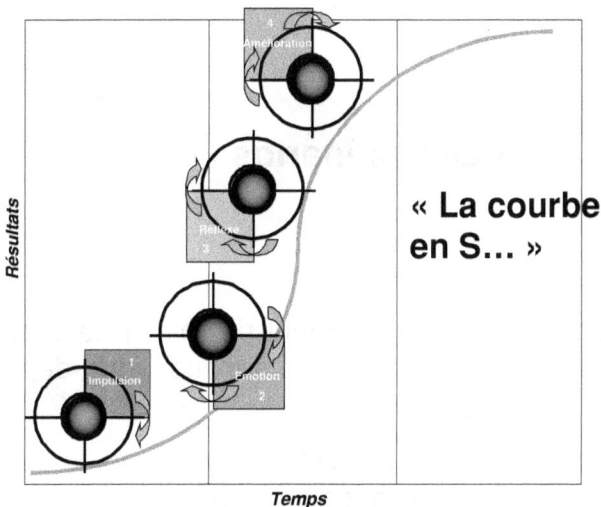

« La courbe en S... »

Bien profiler la durée d'un cycle nécessite de garder en mémoire que les principaux ennemis de l'enthousiasme résident dans le temps lui-même. L'habitude et l'arrivée de la routine en sont les premiers symptômes. Un cycle trop long garantirait à coup sûr l'arrivée de ces ennemis.

Plus le cycle sera donc court, plus sa relance dans le temps sera facilitée. Vous êtes maître des scénarios et en tant que manager, totalement maître de la relance d'un nouveau cycle.

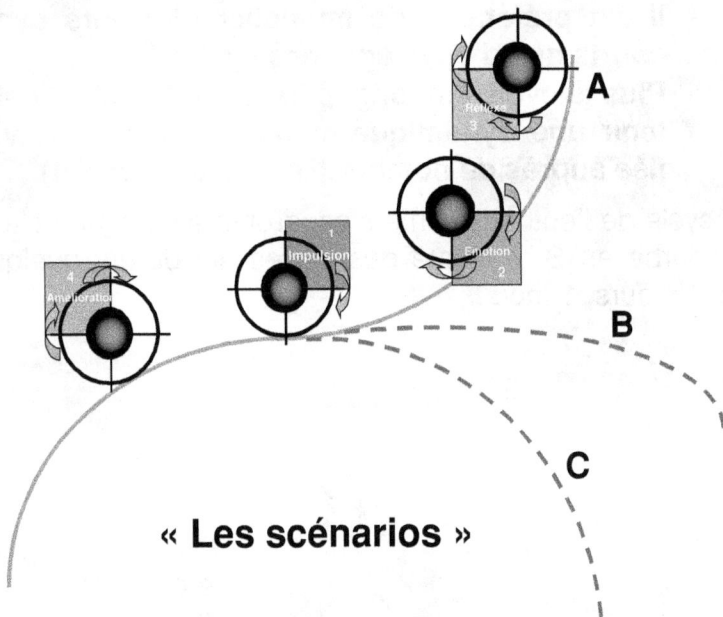

« **Les scénarios** »

C'est donc à vous directement de relever le challenge de faire bouger votre équipe, votre service, votre département, votre division, votre entreprise.

En tant que manager, vous êtes la source directe dans votre organisation de l'amélioration des performances.

L'enthousiasme naît, se développe et s'entretient dans le temps. L'enthousiasme est en chacun d'entre nous, en chacun d'entre vous.

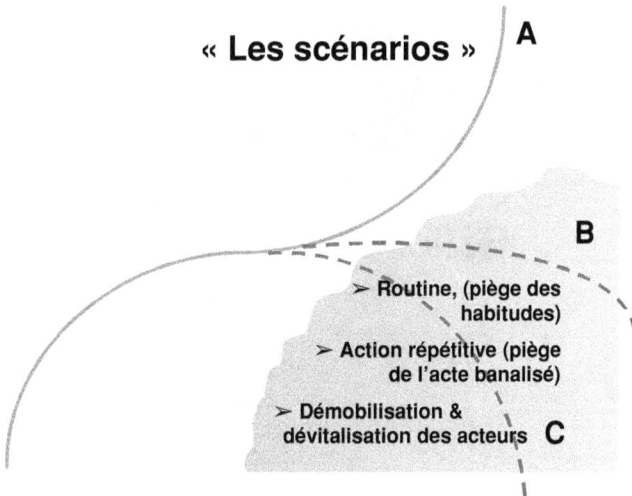

« Les scénarios » A

B

> Routine, (piège des habitudes)

> Action répétitive (piège de l'acte banalisé)

> Démobilisation & dévitalisation des acteurs C

Il vous appartient donc d'être vigilant à la relance de nouveaux cycles dynamiques en fonction de votre réalité professionnelle, au risque de devoir recommencer totalement une démarche.

Cherchez au fond de vous-même, retrouvez votre âme d'enfant, riez, bougez, osez, soyez étonné et moins blasé, apprenez en tant que manager à voir les choses autrement, vous parviendrez ainsi à vous réaliser en découvrant la joie de faire progresser ceux qui vous entourent.

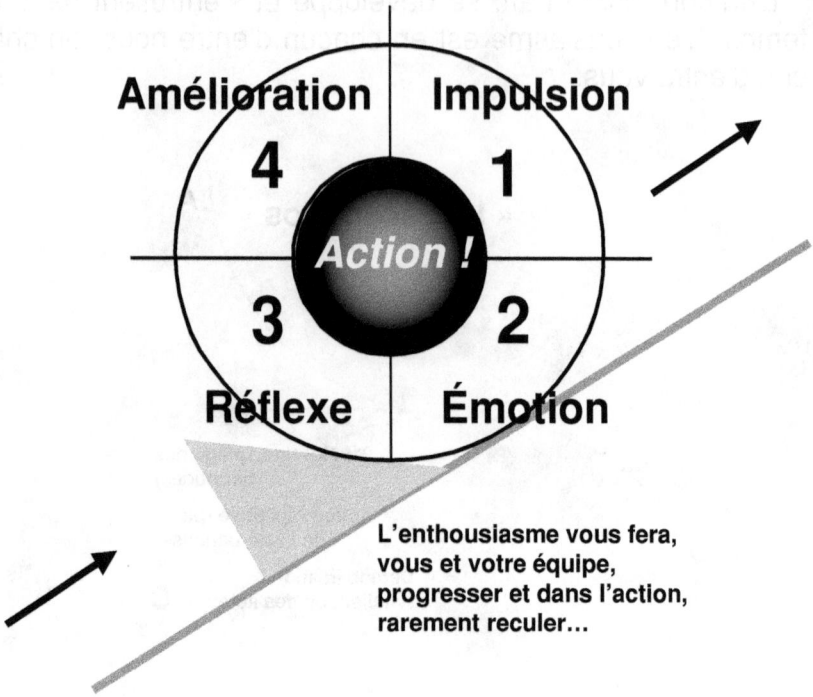

L'enthousiasme vous fera,
vous et votre équipe,
progresser et dans l'action,
rarement reculer...

Conclusion

L'enthousiasme est une ressource précieuse pour l'entreprise. Toute entreprise peut l'exploiter. Mais, très peu le font. Celles qui réalisent des performances remarquables en préservant leurs ressources humaines le font.

Les grandes inventions, les grandes avancées, les grandes réussites s'accompagnent toujours d'enthousiasme. Et lorsqu'une entreprise multiplie les succès et rencontre la réussite, elle traverse, consciemment ou inconsciemment, le cycle de l'enthousiasme.

Notre époque est caractérisée par le changement au sens large, polymorphe et multidirectionnel.

L'enthousiasme permet aux organisations de se préparer à vivre des périodes de changements annoncés ou imprévisibles. La passerelle qui relie l'enthousiasme à la motivation est constante.

A contrario, une entreprise dans laquelle la démotivation gagne se fragilise. Elle se met en danger face à la concurrence. Elles n'attire pas la réussite et à terme, perd ses clients.

L'enthousiasme, ce carburant qui sommeille en chacun de nous, ne demande qu'à générer une forme d'énergie, celle de la réussite. L'optimisme, l'énergie, la motivation apparaissent comme autant de gisements sous-exploités, sous-identifiés.

Pourquoi, d'ailleurs, ne pas envisager des départements optimisme et motivation au sein des Directions de Ressources Humaines ?

Il appartient donc au manager d'agir comme un « déclencheur de plaisir au travail » et un véhicule de l'enthousiasme dans l'entreprise.

Les managers enthousiastes que je connais n'ont jamais choisi de ne plus l'être. Savez-vous pourquoi ? Parce qu'il est tellement agréable d'aller travailler sans avoir l'impression de travailler.